凤凰师轩
FENGHUANG SHIXUAN

行知工程
生态化校园系列

点燃学习的激情

——构建校园生态化学习型组织

DIANRAN XUEXI DE JIQING GOUJIAN XIAOYUAN SHENGTAIHUA XUEXIXING ZUZHI

杨树岳 著

江蘇鳳凰教育出版社
Phoenix Education Publishing, Ltd

图书在版编目（CIP）数据

点燃学习的激情：构建校园生态化学习型组织/杨树岳著.
—南京：江苏凤凰教育出版社，2015.5
ISBN 978-7-5499-4899-4

Ⅰ.①点…　Ⅱ.①杨…　Ⅲ.①中学教育－教学管理－研究
Ⅳ.①G63

中国版本图书馆 CIP 数据核字（2015）第 085281 号

书　　名	点燃学习的激情——构建校园生态化学习型组织
作　　者	杨树岳
责任编辑	午新生　雷利军　张晓兰
出版发行	凤凰出版传媒股份有限公司
	江苏凤凰教育出版社（南京市湖南路 1 号 A 楼　邮编 210009）
苏教网址	http：//www.1088.com.cn
照　　排	润星之源文化有限公司
印　　刷	三河市华润印刷有限公司
厂　　址	河北省三河市杨庄镇杨庄村
开　　本	787 毫米×1092 毫米　1/16
印　　张	12.75
字　　数	189 千字
版　　次	2015 年 5 月第 1 版　2015 年 5 月第 1 次印刷
书　　号	ISBN 978-7-5499-4899-4
定　　价	30.00 元
网店地址	http：//jsfhjycbs.tmall.com
邮购电话	025-85406265,85400774　短信　02585420909
E - mail	jsep@vip.163.com
盗版举报	025-83658579

传道授业解惑的创新者（代序）

在当今社会，教师到底该怎样教书，学校到底该如何实施教学管理？这些问题困扰着许多教育工作者，论道者智者见智，仁者见仁。韩愈在《师说》一文中给教师下了这样一个定义："师者，所以传道受业解惑也。"千百年来，教师都秉承着这一职业道德，传承着中华民族的智慧和优秀文化。

1977年恢复高考后，高考成了广大学子改变命运的主要途径，随着社会的发展，高考在学校、教师、学生、家长心中的地位越来越重要，这就出现了"唯分数"论。为了分数，学校逼着教师苦教，教师、家长逼着学生苦学，致使有些学生厌学、逃学甚至离家出走。为此，一些有识之士大声疾呼：要改变教学现状，推行课程改革。于是，国家陆续出台了小学、初中、高中课程改革的方案，但初中课改经历了十多年的风风雨雨，几起几落，没有实质性进展。

中共十八届三中全会后，全国各领域掀起了新一轮改革，教育界也不例外，出台了一些深化课改的文件。文件是写在纸上的，要把它变成实际行动，需要一线教学工作者的实践，否则将会成为"纸上论道"。天水师范学院郭治锋副教授向我推荐了一本来自环县第五中学（以下简称"环县五中"）杨树岳老师有关课改的书稿《点燃学习的激情——构建校园生态化学习型组织》，这本书很有一些创造性思维，值得广大一线教师品读。

作者杨树岳，原是甘肃省环县五中的教务主任，现为副校长。他所在的环县五中是一所新建学校，新建学校一般来说属于薄弱学校，薄弱学校有两个共同点：一是师资弱，生源差；二是少思想，没变化。学校为了走出困境，积极践行新课改，在当地引起了一定反响。在践行新课改的同时，杨老师用自己独特的行走方式指导教师工作、学生学习，取得了较好的业绩。作为有心人，杨老师把这两年推行新课改的相关资料一一收集，并梳理形成了这本《点燃学习的激情——构建校园生态化学习型组织》。全书叙事清楚，文笔平实，没有矫揉造作，只有心情的自然流淌。书中内容体现了杨老师三方面的教育智慧。

一是根据学情、教情制订恰当且卓有成效的教育措施。以学生为主体，以学情为依据，是环县五中推行新课改所坚持的原则。教师在施教过程中，经常有许多困惑。在教师遇到困惑的情况下，杨老师能够及时与教师沟通，进班级调研，了解问题的症结，然后进行科学指导，带领教师走出困境。

二是激发教师的工作热情。教师的工作热情源于潜在的事业心和责任心，更源于学校领导的调动。杨老师作为学校管教学的核心领导，能够时时处处为教师着想，帮助教师减轻负担，如制订“分层晋级”的复习策略，取消没有意义的形式上的作业，设计纠错本等，为教师出谋划策，帮助教师解决教学管理工作中遇到的棘手问题。教师有什么理由不激情饱满地工作呢?

三是适时点燃学生的学习激情。学生学习没有动力，大多是因为没有明确的学习目标，对自己缺乏信心。杨老师努力培养学生的自信，通过大会动员、挑战大赛、月考奖励等措施激活学生潜在的竞争力；为了使学生提高学习效率，他根据自身的学习经验，向学生传授以写代背法、过滤学习法，等等，引导学生认识“每天进步一小步，一月进步一大步”的道理；他提出“会做的不错，能得的不失”“零失误，您能做到吗?”等口号，时时警示、培养学生细心细致的考试习惯；提倡出汗运动，引领乐玩，既调节学生心态，又使学生体验到学校生活的快乐。正如一名学生说的：“考试成绩对我们来说已经不重要了，因为我努力过、拼搏过、快乐过。初中三年给我们留下了很多值得回忆的故事……”

杨老师的这些行为，正好体现了“传道、解惑”的深刻内涵。在当今社会，我们要教会学生学习的方法，培养学生自主学习的能力，这就是教育之“道”。教师在工作中缺少方法，学生在学习中缺少目标、缺乏自信，为什么会这样？这些困惑使教师的工作效率低下，影响学生的发展，这可以说是教学过程中的“大惑”，帮助教师、学生把这些“惑”解开，教师的教、学生的学就会如顺水行舟。

在新课改过程中，人们往往过分强调课堂的流程、模式等外在的形式，这些形式当然是必不可少的，但如果仅仅为了形式而形式就没有意义了。本书以激发教师的工作热情、学生的学习激情为前提，破解了教师的疑惑：对学生放手了，他们的成绩会不会下降？答案是不会的，只要教师引导得法，学生的成绩便会提高。所以，一名称职的教育者要善于调动、利用各方面的教育资源，使之形成合力，这样教育才能产生效力。杨老师将家长、教师、学生等资源整合起来，如每次月考后依据学情对学生分组进行思想动员、学法指导；对家长进行培训，并提出五点建议：尊重孩子的爱好，给孩子信心，做孩子的知心朋友，要经常与教师沟通，要注意教育方法。这几点建议合情合理，深受家长欢迎。

“一个好汉三个帮，一个篱笆三个桩”，杨老师深知团队的重要性，在书中收录了如魏素珍、李占霞、刘彩芸、王丽娜、刘艳丽、高武月、李宁、毕春霞、苗佳、郝丽娟、郭国斐、李芳等多位教师的教学策略和智慧。一个优秀的教师团队的成长过程，给我们这样的启示：只要引导得法，每个教师都可以成长为优秀教师。

作为学校的领导，特别是教学管理人员应该做些什么呢？简单地发号施令、督促检查、概念化地制订教学策略，在当今这个创新的时代、变革的时代，显然已经落后了，而杨老师给我们做出了很好的榜样。他经常走进教室，深入学生中间，给学生开主题班会，讲解学习方法，以点燃学生的学习激情。有教师这样描述杨老师某一天的工作状态：听六节课，参加两节评课会，还上一节书法专业课。他这种求真务实的工作作风对我触动很大，对师生触动更大，正是他这种忘我的工作状态感染了师生，使师生激情高涨地投入工作学习中。这不正是我们教育工作者应该身体力行的吗！

本书作者杨树岳老师，是甘肃省环县第一个中国书法家协会会员，虽在教育行业工作了二十几年，但他称自己“是个教育边缘人”。这个“教育边缘人”以一种“旁观者清”的视点发现了教育的症结，抓住了教育的核心——点燃学习的激情。

以上是我读完本书的一点感想，我相信，广大教育同人读了此书后会与我有同感，或许还会有更多的启示。

西北师范大学教授、博士生导师　靳健

自　　序

2012年秋季开学，环县五中第一届学生迎来初中最后一年的学习生活，这对于每个学生而言，都是其人生的关键一年，因为这一年的学习效果决定未来的学习机遇。对于环县五中这所新建学校而言，学生的学习效果更是意义重大，它要向社会回答新组建的环县五中领导班子是否有能力办学、办好学这一疑惑。

那时，环县五中的管理人员严重不足，在万般无奈的情况下，校长让我负责毕业年级的教学管理工作，这意味着千斤重担要我去扛。

说实在的，我虽然有二十多年的从教经历，但这样的担子还是头一回挑。我没有现成的经验可套用，只能走进教室调研课堂，从学情、教情上寻找突破口。通过调研，我发现毕业班的大多数学生对自己的学习迷茫、困惑，没有目标，“做一天和尚撞一天钟”；大多数教师对学生的现状或保持沉默，或自认为无能为力，没有勇气突破。

我思索良久，想起毛泽东的《改造我们的学习》一文，该文引导我们要善于发现问题，研究问题，然后再寻找解决问题的办法。

我想，学生学习状态不佳，关键是没有明确的目标。没有目标就没有动力，没有动力就没有行动。所以，我只要带领教师把学生的学习需求和内在竞争力激发出来，学生这种被动学习的局面就会有所改观，奇迹也许就会出现。于是，我与我的团队从学情出发，从班情出发，与各层次的学生沟通谈心，多次召开家长会、主题班会、主题演讲会、学习方法交流研讨会，以目标设定、信心唤醒、方法指引、激励带动为切入点，以一切可用之法点燃学生的学习激情。

过程决定结果，我们一年的工作没有白做，学生的中考成绩超出大家的想象，人均成绩在全市一百六十多所初中排名三十四，在全县二十八所初中排名第七，高中录取率也在全县前列，这个成绩是对学校的高度认可。

2013年秋季，我又负责环县五中初中部第二届毕业生的教学管理工作。我开始思考，我们该如何带领学生度过这关键的一年呢？

我与我的团队经过多次讨论，决定继续践行新课改，大胆尝试，寓教于乐，最大限度地激发学生的学习激情，以一种“另类”的方式迎战中考。

一年来，初三年级迎接了一百多所学校的上千名教师的观摩交流，本校很多教师还担任新课改培训师为同行传经送宝，有一半教师在省、市、县的教学技能大赛中获奖。学校除了开设中考课程外，还开设了体育、美术、音乐和校本选修课。在校本选修课上学生可以选择篮球、排球、田径、美术、书法、舞蹈、数学奥赛、英语广角、时政论坛等课程。多样的课程使学生的才艺得到展示，内心的压力得到释放。我以目标引领学生奋进，以月考为工作抓手，以三级奖励为激励措施，以分层次导学实现因材施教，在学生作业上强行减负，在学生行为上强行锻炼，通过班级挑战赛激发学生的竞争意识和学习激情。我认为这些做法更科学，更贴近学情、教情，更符合教育规律。

2014年中考成绩揭晓，环县五中以425分的平均成绩高出全县平均成绩38分，语文、数学、英语、物理、化学五科单科成绩均居前列。

由于是新建学校，招收的学生基础较差，但两年的经历和结果使我深深地感悟到：教学管理者只要能够点燃教师的工作热情和学生的学习激情，教学效果就一定会出彩。所以，我认为，新课改并不神秘，新课改就是按照教育规律制订教学策略，按照人的发展特点设计教学活动；新课改就是想办法调动教师的工作热情，激发学生的学习激情和潜在的竞争力。

点燃学生的学习激情，管理者首先要有激情，要能够科学地制订教学策略，设计教学活动。有激情意味着要吃苦，要了解教情、学情。设计教学策略和教学活动要从需要出发，要有针对性，不能搞形式主义。有激情还意味着管理者要率先垂范为教师助推，为学生助推，解决老师、学生的困惑。

点燃学习的激情，管理者不能孤军奋战，要想办法点燃整个教师团队的激情。在一个年级组中，一个学科组中，教师个体间的教学能力往往存在较大差异，有了差异才有竞争，有了差异管理者才有工作抓手。其实，只要我们细心，就会发现每个教师都有自己的独门绝招，只要把他们的激情点燃，这些绝招就会产生巨大的作用，所以，管理者要善于利用一些教育现象来激发教师的工作激情和实效性。

有了一个充满激情的教师团队，学生的激情就不难点燃了。学生的思维方式与教师不同，他们的聪明才智能够给教师以灵感，促使教师改变导学策略。同样，教师也能够带给管理者灵感，使管理者调整管理策略。所以，年级组的管理者和教学活动的决策者，应该构建一个和谐奋进的团队，这个团队包括年级组的教师和所有学生。只要大家形成合力，向着同一个目标努力、拼搏，就会产生实效，创造奇迹。

点燃学习的激情，您准备好了吗?

杨树岳

2014 年 12 月

目录

§组织管理篇§

§立德树人篇§

§教育智慧篇§

组织管理篇

Dian Ran Jiao Yu De Ji Qing

军营式班级组织形式

——小组教学模式确立的要素及实施过程

我在环县第一中学（以下简称“环县一中”）工作期间，复读班的学生人数曾经达到108人，这给教师的教学管理工作带来了很大困难。当时我就想把这108人分成几个学习小组，以小组形式开展教学。当我把这种想法与同事交流时，同事说：“想法很好，但操作起来很难！”当时复读班并不是由我管理所以只是想想而已。

后来，经常看红色影视剧，发现部队的建制很科学，组、队、班、排、连、营……由小到大，每个人都是非常重要的角色。我想，我们的班集体能不能也这样建制，把一个班的学生分成若干学习小组，各小组的学生再组成帮扶对子。在一个班集体中，小组与小组之间竞争，形成积极向上的学习氛围。机会终于来了，我调入环县五中后负责教学管理工作，主抓新课改的推行工作，小组学习模式终于能够得到落实了。于是我与同事在借鉴其他学校做法的基础上，制订了小组建设方案。

（一）划分小组

各班学生50～55人，以54人的班级规模为例，可以6人为一组，将全班分成9个合作小组。

1. 划分原则

（1）组内异质，组间同质。班里的学生在性格、学习能力、动手能力、表达能力等方面都有一定的差异，在构建小组时要坚持组内异质、组间同质的原则。组内异质，即将不同层次、不同特长的学生分为一组。比如，小组内男女比例要适当。因为女生书写认真、步骤规范，能按教师的要求去做，而男生思路灵活、讨论积极，但往往只注重结果，步骤不规范，书写相对潦草，男女生一组可以取长补短；再者，从思维方式上看，男生侧重理性思维和抽象思维，而女生侧重形象思维，在学习时可以互相帮助，共同进步。组间同质，即小组和小组之间尽量减少差异，使其各方面都旗鼓相当，特别是学习成绩方面，这样可使小组间的竞争公平合理。

(2) 分层教学，同质结对。按照第一个原则分好小组后，为了使学生能够更好地进行合作学习，有必要按照学生学习成绩和能力水平进行分层教学，如6个学生可划分为AA、BB、CC三个层次，学生的代码可以是A1、A2、B1、B2、C1、C2。在建组初期也可以将小组成员按成绩分为1、2、3、4、5、6号。这样，既便于组长按能力进行任务分工，又便于教师抽查。

2. 定组名

由各组成员集思广益为小组起一个积极向上、富有新意而又响亮的名字，并制订组训。组训反映本组精神，是本组的座右铭，可制成标志牌，放在本组的桌子上或贴在本组的黑板上。

看学生为自己小组起的名字：彼岸、翱翔、向日葵、银河、勤奋、日进、合力、雄鹰，等等，是多么的有信心、有气魄。

3. 选组长

组长是教师的小助手和代言人，是一个组的灵魂。每个小组要选出一名小组长（行政组长）和若干学科组长（课代表），一人可以兼任多职，但最多不能超过三个。组长可以竞选选出，也可以由组员民主推荐产生，基本要求是成绩好、责任心强、有一定组织能力的学生才能担任小组长，小组长负责全组的组织、分工、合作、协调、服务等工作。每个小组的学科组长可由学生推荐或由教师挑选担任，还可以根据各班的实际情况在各组设立纪律组长和卫生组长。

4. 定目标

目标是人生的灯塔，指引我们迈向光明，每个小组都要有自己的奋斗目标，确定自己在一段时间内的努力方向。小组的奋斗目标由组员讨论制订，可以是长期的也可以是短期的。如做卫生最佳小组、做纪律最佳小组、做学习优秀小组、做乐于助人小组等长期目标。又如，为了纠正本小组某方面的不足确定一个短期目标。不但每个小组要有目标，每个学生也要根据自身情况确定个人目标。

5. 定任务

个人目标和小组目标确定后，将其细化成若干切实可行的任务，并把它记录下来，个人任务须由个人去努力，小组任务则由组员群策群力，协同完成。大家可以根据自己的特长或兴趣爱好认领任务，没人认领的任务，可以由组长根据个人能力分配，或大家共同努力完成。

6. 定制度

任务的完成全凭大家的自觉，多数同学是积极主动的，但也不排除个别学生不认真、不投入的情况，这就要靠规章制度来约束了。这些规章制度由小组成员商议制订，任务完成的标准、要求等都明确地写出来，而且各人还要选择自己的惩罚方式，当自己做事不力或不到位，没有完成所领任务时，就要遵守自己的诺言，如义务打扫卫生、为大家整理书桌、捡20个饮料瓶、在校园里捡垃圾等，由组长监督完成。

（二）小组长培训：明确组长的责任和作用

1. 小组长（行政组长）的职责

（1）要团结同学、帮助同学、组织同学，打造积极向上的小组学习团队，担当起学习小组的领袖角色。

（2）管理组内同学的课堂学习秩序和自习秩序。

（3）要组织小组成员利用自习课，根据ABC层次分层完成训练学案，并及时收齐上交。

（4）协同学科小组长对本组同学的学习状况、学习目标的达成情况进行评价和总结，提醒帮助学困生，确保学习效果。

（5）经常反思小组管理中的问题，组织组内同学开展每周一次的小组活动，研究解决存在的问题。

2. 学科小组长的职责

（1）及时收齐作业，检查作业质量，交给各学科代表。

（2）协同小组长组织组内同学自主学习、讨论和展示，做好组织分工工作，明确任务目标，确保每一个学习段的学习活动有序进行。

（3）负责了解小组内所有组员的学习状况，发现小组在预习、自学、讨论、展示、检测等方面存在的问题，及时向教师反馈。在科研小组会上与教师共同研究改进课堂和学案的措施。

（4）对本组同学的学习状况、学习目标的达成情况进行评价和总结，提醒帮助学困生，确保学习效果。

（5）协助小组长组织每周一次的小组活动。

（6）参加由学习班长组织的高效课堂研讨会，认真汇报组内情况，积极思考讨论改进的措施，并把会议的精神传达给小组成员。

（三）小组的管理与评价

小组管理以自主管理为核心，实行组长负责制，逐级负责和监督。教师起监督和管理作用。

小组可以一周召开一次座谈会，对本组成员一周内的表现进行一次总结。由行政组长主持，各学科组长反馈组员本周本学科的目标达成情况和综合表现，组员也可以反思一周以来自己的表现，总结不足，以期改正。

教师要定期召开小组长会议，了解他们在思想上、学习上和生活上的困难并及时予以解决，让他们感受到教师的关怀。

小组评价是对小组成员间合作过程和合作表现的监控，是促进小组合作健康发展的重要环节。课堂教学中的小组评价包括个人自评、小组自评和教师评价。平时主要以小组自评为主，个人自评和教师评价可以定期进行。

（四）小组奖励策略

合作学习把“不求人人成功，但求人人进步”作为教学迫切追求的一种境界，同时将之作为学习评价的最终目标和尺度。它将个人之间的竞争变为小组之间的竞争，根据小组总体成绩授予相应的称号或奖励等。通过奖励激发学生展示自己的才华，开发潜能，为共同的学习目标而努力。奖励的方式是多种多样的，可以采取口头表扬、鼓掌祝贺、经验介绍、颁发证书等方式，以培养学生的合作意识，提高学生的合作技能。

小组建设方案形成后，先召集班主任和任课教师对他们进行培训，再将他们分组，一个班主任带领两名教师组成一个班级培训小组，对该班的学生按照小组建设方案进行分组建设。

细化评价激发学生学习激情

对新生事物的学习、接纳、熟悉、运用需要一个漫长的过程，不可能一蹴而就。小组学习模式就是如此。刚开始进行小组学习时，大家都觉得很新鲜，表现很积极。时间一长问题就暴露出来了：一部分学生不积极，不参与学习活动；一部分学生特别积极，每节课都唱主角。这不是我们想要的结果。发现这个问题后，我们组成研究小组，通过各种途径向全国课改名校的专家借鉴经验，以期破解这个难题。渐渐地教师们发现对每个小组的评价以及对每个学生的评价是难点，评价恰当就会激发学生的学习激情，否则就会产生负面效应。于是各班班主任纷纷发挥自己的聪明才智，与学生一起研究制订出本班的评价方案。下面是龙恒位老师细化的评价策略。

每个学生都有自身独特的个性。所以对学生进行评价时既要注重学生的现在，也要考虑学生的过去，更要着眼于学生的未来。要为学生有个性、有特色的发展预留一定空间。为此，我们在学生中开展了学生自评、对子互评、小组评价、班级评价、教师激励评、家长关爱评、活动赏识评等全方位、多层次的评价机制。

一、自我评价，让学生在自觉中成长

在班级中，每个学生都有一本属于自己的反思评价笔记本，利用每天晚自习的最后十分钟梳理自己一天的得失，包括学习和生活的方方面面。在此基础上每周一汇总，并专门设立一节反思交流课，让学生把自己一周的自我反思评价在小组内进行交流，使学生在交流中学会寻找自己的不足，欣赏别人的长处，取长补短，不断反思，在反思中提升自我。

二、对子互评，让学生在互助中成长

在小组中每两个学生结成一个评价对子，利用课余时间记录对方在课堂内外的闪光点和不足，在每周的反思交流课上，教师引导学生共同分析某个学生的优缺点。这种坦诚的交流能积极促使学生变他律为自律，变等待为参与，变被动为主动。

三、小组评价，让学生在合作中成长

每个小组都设有一名评价组长，每半个学期召集小组成员就半个学期内学生的自我评价、对子互评情况以及学生的表现进行梳理总结，班主任给予适当的引导，做出恰当评价，小组内评出“反思之星”“进取之星”，在班内以专栏的形式进行公示并给予奖励，并将结果记入“学生综合素质评价手册”。

四、班级评价，让学生在自主中成长

每一学期结束的时候，班中都会召开由班级评价组组长主持、仲裁督导组全体成员及各小组长参与、班主任和任课教师列席的班级学期评价大会。班级评价小组在听取仲裁督导组和任课教师对班内每一个小组的建议性评价后，对每一个小组做出最终的学期评价，并评选出本学期最佳的“反思小组”“进取小组”进行公示奖励，将结果记入“学生综合素质评价手册”。

五、教师评价，让学生在激励中成长

教师对学生进行阶段性评价，写一些激励性评语，真实地概括学生某一阶段的表现，并张贴在教室最醒目的地方，这就成为学生学习生活中精彩镜头的回放。通过评语，教师帮助学生总结自我，帮助学生给自己准确定位；通过评语，拉近师生之间的距离，让学生获得被肯定的快乐，进而使他们以阳光般的心态面对学习生活。

六、家长评价，让学生在关爱中成长

学生的成长离不开家长的关爱，所以要充分发挥家庭教育的作用。每学期由家长委员会发起召开两次学生家庭表现分享会，参会的家长分享自己孩子在家中的点滴进步。细微之处见精神，这就体现出了家长对孩子的关注，这是孩子成长过程中的一种需要，同时能促进家长、学校和教师相互之间的了解与沟通。

七、活动评价，让学生在快乐中成长

为了让学生在活动中体验，在快乐中成长，班级开展了丰富多彩的活动。活动之前制订活动评价规则，活动之中关注学生的点点滴滴，活动之后及时总结评价，以促进学生的兴趣，保持学生的参与积极性。

对学生进行综合素质评价是推行新课改的一个重要组成部分，它使每个学生都能各显其能，都能感受到成功的快乐，从而激发了学生主动学习的积极性，促进了学生的全面发展。但是，它还需要我们在实践中不断学习、不断思考、不断改进，以更好地为学生的健康成长服务。

人人有事做，事事有人管

——我们的班级自主化管理

“能放开，还要能收住。”

这是我校推行小组学习模式时一位前辈的箴言。

环县五中实行班级自主化管理，坚持“人人有事做，事事有人管”的原则。所谓“人人有事做，事事有人管”，就是人人是班干部，人人是班级小主人，根据学生的特长、能力和班级管理的需求，设置不同的管理岗位，学生自由选择班级管理任务，从而使得班级中人人有事做，人人可以为班级、为同学做力所能及的事；人人有管理和被管理的权利与义务。通过这种形式，强化学生的自我约束能力和自我管理意识，提高学生的自信心，培养学生的责任感。

但是在实际操作过程中，由于班主任的认识不同、管理方法不同、管理智慧不同，使得每个班级的自主管理和小组学习的质量出现很大差异。我们通过观察发现，凡是自主化管理做得好的班级，其小组学习模式的作用也发挥得较好。可见，小组学习模式与班级自主化管理模式相结合才能产生效力。

有一个班级的班主任是一名认真负责的女教师，由于太认真，凡事照章办事，坚持原则，反而经常与学生发生矛盾，使得班级氛围不和谐，教师、学生相处不愉快，影响了教师的工作和学生的学习生活。在万般无奈的情况下，我为该班换了一位新班主任，出乎意料地是新班主任很快与学生打成一片，使这个班的班风明显好转。

这名新班主任是如何搞好师生关系，推进班级自主化管理的呢？正当我疑惑时，新班主任的一篇反思《我的自主化管理有进步了》引起了我的注意，这篇反思介绍了他的做法，我觉得值得与其他教师分享。

这位能干的新班主任，就是赵金龙老师。

在我担任初三（4）班班主任的这一个学期中，我尝到了学生自主管理的好处。我们环县五中实施的是班级自主化管理，学生自主，班级民主。

我在刚开始担任该班班主任时实行的班级自主化管理实际是我一手在管理，班内的大事小事都是我在安排，我在处理。我如果稍有疏忽，跟班不到位，班内的问题马上就会出现。例如，环境清洁这个小问题，都要我每天检查、督促，我哪天不检查，我班的环境清洁就会出问题。

刚开始我一直在想，我们班为什么和其他班有这么大的差别呢？我们班为什么连清洁这件小事都做不好呢？通过观察我慢慢发现，我们班的同学不负责任，清洁的同学草草打扫一下就完事，管理的同学检查不仔细。我终于找到了症结所在。

经过思考我认为要管理好一个班集体，首先要做的是了解班内的每位同学，对他们的家庭情况、爱好都要了解，这样才能根据他们的情况给他们安排相应的管理任务，使每个同学最大限度地发挥自己的特长。杨帆同学学习好，人缘好，具有一定的领导力和号召力，适合做班长。自他当班长以来，我们班的纪律好了很多，同学们都服从他的管理。虎登锋同学学习比较差，但他对班内的事情很热心，他当文体委员后，我们班的早操明显好转，他在管理好别的同学的同时，自己的学习成绩也大幅度提升，他是我们班第四次月考成绩进步最大的同学。黄高峰同学的学习成绩也比较差，对学习没有信心，甚至有辍学的念头，但他有个优点就是做事比较认真、负责，从他管理环境卫生以后，我们班的环境卫生明显好转，再没有被学校批评过。他每天都能认真检查，并主动帮助其他同学清洁卫生，他的学习成绩最近也有大幅度提升。总之我们班有优点的同学很多很多。

我们班还存在一个比较严重的问题，就是抄袭作业现象非常严重，这是制约我们班成绩提高的瓶颈。原因是我们班后进生较多，他们对学习没有兴趣，不爱做作业，我多次开班会讨论都没有结果。本学期开学后我把这一任务交给了每组的学习组长，要求他们在搞好自己学习的同时要帮助组员学习，要制止组员抄袭作业的现象。我们每周都会进行评比（几个学习组长的好胜心都比较强）。我们采用积分制，每周积分倒数第一的小组负责清洁教室卫生，倒数第二的小组负责清洁其他环境卫生。每组每天都要进行考评，迟到早退、自习课纪律、卫生、“两操”、抄袭作业现象等都是考评的对象。

实施积分制以来，我们班的学习、纪律、卫生等方面明显好转。班内再没有抄袭作业现象，自习课也没有了吵闹声，班级的所有事都有人做，并且做得比以前更好，我只负责安排和监管就行，轻松了很多。

当然我们也有加分奖励，考虑到学生马上要参加中考，我们暂时只对学习进行加分，给每次月考成绩第一名的小组或月考成绩进步第一的小组加分。

考虑到初三学习紧迫，早晨的时间比较宝贵，买早餐要排队等候，我允许每组有两名同学可以不上早操，提前给小组成员买早餐，这就节省了大家的时间，当然负责买早餐的任务由小组成员轮流完成。

师生协作，共建和谐班级

在班级管理中，往往出现班主任与任课教师闹矛盾的现象。任课教师认为管理学生是班主任的事，自己只有上课义务，甚至认为在自己的课堂上学生不服从安排与教师作对，也是班主任的事，课后可把学生交给班主任教育。这是典型的只教书不育人。班主任也会带有情绪，凡事都找自己，自己哪有那么多精力。

在推进新课改的过程中，要构建生态和谐的班级，班主任与任课教师必须携手合作，才能为学生更好地服务。于是，我提出构建班级管理团队的想法。班级管理团队的核心领导是班主任，成员是该班的任课教师、班干部、小组长。班主任协调教师间的工作，统筹设计班级的发展策略和措施。任课教师、班干部是班主任的智囊团，为班主任的决策助推。

有这样一个典型案例，可以证明班主任、任课教师及学生合作的重要性。

慕亮，计算机专业毕业，却阴差阳错地教了数学。在进校后第一次汇报课上，我发现他的专业知识平平、教学方法一般，属于不合格教师。校长及评课教师对其进行了方法指导，希望他虚心向同行学习，并强调以后还要对他进行考察。

慕老师虽然专业基础差，但也有可贵之处，他善于动脑，富有激情。

记得从杜郎口中学学习归来，他第一个在课堂上尝试杜郎口中学的教学方法，并在全校引起轩然大波。教师们纷纷效法慕老师，掀起了新课改的热潮。

进入初三后，面对中考，教师们犹豫、彷徨，甚至无所适从。因为新课改虽然激发了学生的活力，但也给其灌输了些浮躁心态。并且，课改的新鲜感过后，部分学生又回到了原来的状态。

在第二次月考后，慕老师带的（2）班的数学平均成绩为 59.25 分，（8）班的数学平均成绩也只有 76.39 分。（2）班是该年级平均成绩最低的班，比最高班（7）班（平均成绩为 100.08 分）低了 40.83 分。这太让我震惊了，这样下去，如何向这些可爱的学生交代。

一天，我与慕老师同行回家，借机与他聊起了学生的事。

他对我说："（2）班的学生我实在没有办法了，好话说了很多，可他们就是不听，小组长也不发挥作用。大多数学生在上课时经常做一些与学习无关的事，还有些学生甚至看语文书［（2）班的语文是班主任寇振甲老师带的，成绩一直是全年级最高的］。同样一套导学方案，在（8）班能够顺利落实，在（2）班就大打折扣了。我有信心提高（8）班的数学成绩，对于（2）班实在是无能为力了，您还是另请高明吧。"

他说得很诚恳。

（2）班的班主任寇老师喜静不喜动，是一个擅长理性思维的人，书读得多，语文课上得好，加上班主任效应，使得这个班的学生偏爱语文。但是，寇老师不擅长调动学生的积极性，该班学生缺乏激情、活力和竞争意识。教师们一致反映（2）班的学生难以调动，我观察了几节课，确实如此。

班风的原因，再加上慕老师个人气质和能力的原因，造成了（2）班数学成绩的不理想。

第二天，我找寇老师了解情况。寇老师也很苦恼，因为他们班的英语成绩也不好。要想在明年的中考中有所收获，英语、数学都要下大力气提高。各校的英语水平差不多，层次不易拉开，要在短时间内提高英语成绩太难。数学则不然，容易拉开档次，所以还是要在数学上下功夫。

"以我的了解，主要是学生对数学没有兴趣，并且没有认识到数学成绩的重要性。"寇老师说。

我建议他与慕老师携手提高（2）班的数学成绩，寇老师表示只要慕老师需要他，他义不容辞。

（2）班是典型的偏科问题，而且是偏两门大学科。虽然我针对一些偏科生做了工作，但问题并没有我想象的那么乐观，（2）班的问题已经非常严重了，需要下大功夫。

一定要解决（2）班的问题。我思考了几天后，首先给慕老师提出如下建议。

一是与班主任寇老师合作重新将全班学生分组，选拔出各组的数学课代表，并对其进行思想动员与学法指导，使其充分发挥学科组长的表率作用。

二是停课与学生沟通，改善学生的学习方法，转变学生对数学学习的不正确认识，让学生掌握教师的导学方法。

三是虚心向同学科组的教师请教。

四是开展分层导学，避免“一刀切”，使每个学生每节课都有收获。

五是发现学生的亮点，及时鼓励，增加学生的信心。

然后我又给寇老师提了几点建议。

一是通过开展主题班会，纠正学生偏科的错误思想，引导学生认识时间的紧迫性。

二是要主动与慕老师沟通，达成共识，帮助慕老师的决策顺利实施。

三是多听听数学课，观察学生动向，解决课堂中存在的问题。

我也与（2）班的学生做了多次沟通，并经常到（2）班听数学课，与学生交流，了解课堂的变化，对于学生、教师存在的问题及时进行解决。

在之后的日子里，慕老师激情饱满地投入教学工作中，学生的学习状态也发生了很大变化，个个劲头十足。

2013年7月12日，中考成绩揭晓，慕老师所带的（2）班数学平均成绩为77.48分，与（8）班的78.95分基本持平，两个班的平均成绩为78.2分，高于县平均成绩5.38分。

这个案例说明，在班级管理中班主任和任课教师不能单打独拼，应相互配合、相互支持，这样才能为学生的发展创造更好的条件。

还有一个教师协作的成功案例。

2011级初中生第三次月考后，初三（6）班的数学成绩终于上来了，班级平均成绩90.22分，比年级平均成绩91.22低了1分。而在前两次月考中，该班的数学平均成绩比年级平均成绩分别低13.51分和12.58分。该班的进步不但有数学教师沈健的功劳，还有班主任李宁的助推。

有一天我正准备回家，看见初三（6）班教室的灯亮着就走了进去。推开门，发现部分学生正在黑板上演算数学题，李宁老师在当评判官和主持人，我关上门悄悄地离开了。我被李老师的精神所感动，内心久久不能平静。我们的许多教师往往喜欢自扫门前雪，喜欢单打独斗，也喜欢相互抱怨，推卸责任，而李老师懂得协作的重要性，主动帮助数学老师提高学生的数学成绩。李老师的奉献精神和大局意识值得推广，于是我让李老师把自己的做法写下来，与教师们分享，借此带动全校教师的合作精神。以下是李老师的经验介绍。

初二第一学期，我发现班中学生的语文、英语等成绩还不错，只有数学成绩比年级的平均成绩低一点，我觉得不就是一次考试嘛，没必要大惊小怪的，当是就没太在意。可后来连续几次考试，数学成绩与其他班相比差距不但没有缩小反而越来越大，由原来几分的差距一下子扩大到十几分，我这才意识到问题的严重，一部分学生偏科了，但数学作为一门主科，如此下去可不行。我便开始想办法，一开始，我认为学生可能是学习数学的时间不够充足，所做习题太少导致成绩下降，于是我和学生商量，将每天的研究性自习（学生自主研究、讨论交流的自习课）定为学习数学的时间。每逢研究性自习，我便前去教室督促学生学习数学，这样坚持了近一个学期，学生的数学成绩略有长进，但与年级平均成绩仍有很大距离，与我和学生的期望值相差甚远，甚至有学生的成绩很不理想，考了10分、12分、19分、21分。

就这样，暑假来临了，这个暑假我过得很不踏实，究竟是什么原因制约了大部分学生数学成绩的提高，我百思不得其解。

漫长的暑假终于结束了，我们迎来了紧张的初三。这是最为关键的一年，学生的数学成绩如果继续原地踏步的话，后果我是知道的，因为我当年也深受偏科的影响。记得当年上初一时我数学学得还不错，可是后来那位美丽和蔼的数学老师调走了，接任的是位看上去有点让人望而生畏的男老师，从此我的数学成绩便开始走下坡路，从八九十分到五六十分再到三四十分，一路低迷。我也试图改变过，但单凭个人的努力实在太难，直到高考，我的数学成绩也未提高，从而影响了我的高考成绩。难道要让学生步我的后尘？决不能！如果真是这样，我岂不是一个罪人。没有时间多想，我立马找出数学成绩单，从中选出数学成绩较低的25名学生，把他们召集在一起，询问他们数学成绩低下的原因。原来，他们基础比较薄弱，课上听不懂，课下作业完不成，久而久之对数学失去了兴趣。了解情况后，我将这25名学生分为三组，分别在每天中午、研究性自习、晚自习后让他们给我讲解当天数学所学的内容。同时根据这25名学生数学成绩的差异，给他们分配难易程度不同的数学题。

刚开始，学生就暴露出知识点的欠缺，对定理、原理、概念、公式等的记忆含糊不清。于是我决定凡是对知识点说不清道不明的学生，当场停下来自己去查资料或请教他人，直到弄明白为止。遇到学生薄弱的环节，我就特意反复训练，如一个学生在分解因式时不会运用十字相乘法，我就反复演练给他看，等他掌握后就让他多做几道题来巩固。

就这样从第一次月考到第二次月考再到第三次月考，我们班学生的数学成绩一点一滴地变化着，直到现在我班的数学成绩基本与全年级数学成绩持平。当我把第三次月考中我班数学成绩与全年级数学成绩持平这个消息告诉学生时，学生沸腾了，他们表现出了少有的激动。其实当得知这个成绩时，我也很激动，觉得比我教的语文学科取得好成绩还高兴。

在这个过程中，大部分学生进步比较大：吕盼平同学的数学成绩由12分进步到50分，王斌同学的数学成绩由21分进步到60分，李静同学的数学成绩由12分进步到51分，慕金娥同学的数学成绩由41分进步到74分，李榕同学的数学成绩由63分进步到100分，罗玲同学的数学成绩由53分进步到110分……

更为可喜的是，通过讲题，好多学生找回了学习数学的兴趣，点燃了学习的激情。如李榕同学，以前总是迟到、旷课、完不成作业，多次批评总不见效，自从数学成绩提高后她变了，每天到校早了、作业能按时完成了、其他课程的作业也都能按时完成了。还有吕盼平同学，以前提起他老师们都感到头疼，惹是生非、不交作业可谓家常便饭，自从给我讲数学题以后，他变得听话了、爱学习了，开始独立完成作业了，还常常主动请教同学。

在第三次月考结束后，我就数学讲题活动做了一次调查，罗玲同学说："以前我对数学没有一点兴趣，即使成绩一再下滑我也毫不在意。因为我觉得数学既然这么差了，也不怕再差了，但当老师让我讲数学题时，我才发现我的数学并不太差。当看到我的数学成绩不断提高时，当我能独立完成一道道数学题时，我特别有成就感。我会一直坚持下去。"

每晚八点半我准时走进教室，学生就会立刻围上来，争着抢着要我听他们讲题。

有时我也会感到累，也有想偷懒的时候，可每当走进教室，看到学生灿烂的笑脸，看到学生询问的目光，看到学生围在我身边，我就又生出无穷的力量来。

我每天都在收获。收获一，我的数学在这些学生的帮助下有了进步，我从中也感受到了数学这门课独有的魅力，也许有一天我会试着去教数学。收获二，我被这群学生感动着，他们虽然数学学得不是很好，但他们依然在坚持、在努力，依然对未来充满信心和向往，我一点点的付出却有如此多的回报，我会和我的学生一同走下去。

看到李老师如此付出，沈老师感到压力巨大，于是我帮助沈老师分析了自身的原因，引导他从李老师的做法中汲取经验，建议他多向郝丽娟、高武月等数学老师请教，多观察他们的教学方法，和李老师一起激发学生学习数学的兴趣，提高学生的数学成绩。

在李老师的带动下，各位老师都在反思自己，班主任都在主动与任课教师联系，商谈本班学生的问题。比如，龙恒位老师与李芳老师携手提高（7）班的化学成绩，赵金龙老师与高武月老师牵手提高（4）班数学成绩，郝丽娟老师与王涛老师共同提升（2）班的英语成绩，王涛老师与王怀森老师合作提高（1）班的语文成绩……一时间，教师们团结一致与学生打成了一片。

2014 年 7 月中考成绩揭晓，(6) 班的数学平均成绩为 94 分，高于全县平均成绩 14 分，沈健老师带的另一个班——(5) 班的平均成绩也高于县平均成绩 12 分。

前面提到的 (1) 班的语文、(2) 班的英语、(4) 班的数学、(7) 班的化学等学科的成绩在中考中都有较大幅度的提高。

我经常听到有教师抱怨学生的基础太差，这是在为自己找借口。李宁老师告诉了我们面对这样的问题应该怎么对待。

信任，让师生共成长

教师的工作应该是教学生，为学生在学校的健康成长服务，可是很多时间我都静不下心来。

一课一篇反思（反思是好事，可以抒写心情、交流提高，但是没有东西反思的时候就不得不为了反思而反思），一周一篇随笔，半个学期一次总结，今天检查笔记，明天检查“成果”，行政命令式的教学管理压得人有些喘不过气来。尽管如此，在平时的工作中我没有一丝懈怠！一如既往，尽心尽力！有时候我就想，到底是什么因素在促使着我去努力并且不断坚持呢？我一直想不通，直到上周看了学生的周记后我才彻底明白，原来是学生给了我坚持的动力！

尽管一直在克制，但是有时候还是会不经意间将自己的不快情绪带给学生。如果学生发现了我的不快情绪，便会在周记中写很多话给我，其中有一篇是这样写的。

老大，我们一起奋斗

不知道从什么时候开始，你已经成为我们心目中的老大，不管别人怎样看，在我心中你一直是。在你刚开始接我们这个班的时候，虽然我们都是农村孩子，家庭条件都不太好，学习基础也比较差，但你下定决心要把我们带好，也就是从那时起，我们有了自信：我们也能成才！班里的学生你一一了解，大大小小的事情你一一做好。我们都能感觉到为了我们你付出了很多，你很累，可惜我们无能为力。现在不一样了，就算天塌下来还有我、韩宝莉、郭誉婷……我们这些小组长及全班同学一起帮你撑着！现在已经不是你一个人在战斗，还有我们，从一开始，我们就认定你是我们的老大！老大你不是孤单的，有我们在，我们一起烦、一起忧、一起哭、一起笑、一起战斗！

行吗？我们尊敬的老大，兄弟们决心跟你一起走！

试想，当我们面对这样一群学生时，能不尽心尽力、一心一意、放下负担真诚地为他们服务吗？

学生给了我太多的感动和动力！

这是龙恒位老师一篇题为《是谁给了我坚持的动力》的教育随笔，我读了很感动。

我对龙老师的关注源于一节晚自习。

那晚我例行巡班，走到初二（7）班（龙老师所带班级）门口，教室里传出了“嗡、嗡、嗡”的声音，我凝神静听了一会儿，不像是打闹的声音，好奇促使我轻轻地推门进去——

原来全班学生正分成若干小组在学习，每组有一名同学讲题，组员都在全神贯注地倾听。我环视一周，没有找到老师。

这，难道不是我们追求的自主学习吗？

一连几个晚上，我都在暗中观察（7）班同学的表现，他们一如既往。

我非常激动，把其他班的小组长带到（7）班观摩，并把（7）班的做法向校长、教师推荐。

走进（7）班教室，扑面而来的班级文化给人一种清新、上进、高雅和卓尔不群的感觉。

先看看他们的小组名：海之梦、浪之歌、风之声、帆之舞、冰之纯、雨之韵、雪之洁。既押韵，又高雅，更有内涵。对于他们的组名，学生是这样诠释的：“海浪携梦欢歌，风帆起舞远航；冰雪清纯坚美，雨奏和谐乐章！”每个学生都认识到自己是小组的一分子，小组是班级的一分子，这便有力地提高了班级的凝聚力。

再瞧瞧他们的班级口号：懂得用嘴角微笑，学会用耳朵聆听，知道用双手帮忙，体会用心灵理解。

还有教室墙壁上的标语：四十分钟一节课，没有预演，没有重播，只有分分秒秒的现场直播！

我仔细查看了这个班的小组评价表、荣誉榜、反思栏等，发现都很有章法，而且操作很到位。

我询问了该班晚自习的做法：课前学生接受任务菜单，上课分组执行，课后反馈汇报，难点老师帮助解决。

我向龙老师请教方法，他很谦虚，表示现在做的还不到位，与他的理想境界还有很大差距。

我让他把自己的治班方略梳理一下，与其他班主任分享。于是他在课改论坛上做了中心发言，博得满堂彩。

校长看到后非常激动，因为他倡导的“班级民主、学生自主”管理思想正是龙老师打造的（7）班的模式。

在推行课改的过程中需要先锋，需要榜样，榜样的带动力量是无穷的。

只要给教师搭建一个合适的平台，就能把他们的潜能和创造力挖掘出来，产生意想不到的效应。龙老师与他的初二（7）班不就是这样的吗？

据龙老师说，在班级组建初期，他经常组织学生开展主题班会，一事一议，有时一周要开十多次主题班会。

据年级主任曹永海老师介绍，在最初的日子里，龙老师整天与学生在一起，与学生谈心，做学生的思想工作。

没有付出，哪有回报！

我开始关注这个班的学习实效，发现每次考试，该班学生的成绩都稳中有升，在初二第一学期末，他们班跃居年级第一，尖子生开始凸显。同时，班级考核也名列年级第一。

随着时间的推移，他们升入初三，学习效果更加明显了。比如，在初三第一次月考中该班各分数段的人数分布：年级前 50 名 9 人，名列年级第一；年级前 100 名 15 人，名列年级第一；年级前 150 名 19 人，名列年级第二；年级前 200 名 27 人，名列年级第一。

刚开始，该班学生的基础是比较薄弱的，而如今，我们看到了他们的快速成长。可见龙老师的管理策略是成功的，不仅提高了全班学生的成绩，还令一些问题非常严重的学生得到了改变。

吕之阳同学是后转来的学生，调皮贪玩，不爱学习，转入龙老师班后进步很多，被评为“记忆大王”，并担任小组长，学习成绩也提高很多，已经进入年级前200名了。

龙老师的业绩不是偶然，龙老师班的现象也不是偶然。这是在环县五中新课改思想指导大背景下的必然产物。

是谁给了教师坚持下去的动力？是学生的爱与信任。是谁给了学生自由发展的空间，是教师的爱与信任。请相信我们的学生，像学生相信我们一样。让师生在相互信任中共同成长。

缤纷的楼道

——让学生自由而有创意地表达

在昆山前景教育集团考察期间，其楼道的墙壁吸引了我：楼道的墙壁上满是稚嫩的图画，其线条中透露出天真、纯洁；画面上配有文字，均发自学生内心，是学生在班级的所见所感。

我以为，这是学校刻意办的墙报，这种散点式的排布是为了迎合其教育理念——自然发展。可是在我们观课的同时，发现有学生在画、在写。下课后，有更多的学生抢到“地盘”，用抹布擦掉原来的图画和文字，重新写、重新画。看内容，是他们的上课感受。

这些学生画画已经达到随心所欲的程度，真是超乎我的想象。

我求昆山前景教育集团的教师解惑。原来，这个学校的学生大多是外来务工人员的子女，家庭文化差异较大，学生在性格、性情、语言等方面也存在差异，要建立一个共同的模式或规范很困难。有一天，校长发现有个学生拿着彩笔在墙上偷偷地画画，画得很好。校长灵机一动，何不让所有的学生都在墙上画画呢？这是释放内心压力、表达内心情感的好方法。就这样，学生在楼道墙壁上画画、写字渐渐形成了一大特色。

这确实是个好办法。学校就是要尽可能多地为学生提供发展、锻炼的空间。但大多数教育者不善于利用各种资源，而且力求整齐、干净，如墙壁要擦得干净，唯恐弄脏了，这不但浪费了教育资源还限制了学生的创造力和想象力。

想起在杜郎口中学考察时也看到楼道、教室的墙壁上有学生的很多作品。不同的是昆山前景教育集团画得多，杜郎口中学写得多。

回校后，我望着干净的教室、楼道墙壁思考：我们的学生能不能也在这上面写写画画呢？但是，看到教师们忙于指导学生分组、培训学生进行课堂展示等工作，我就没再增加教师的负担。

但是，个别教师“偷偷”地指导学生进行了这项工作。有一天晚自习我例行巡班，走进初一（6）班，发现学生正分成几组在墙壁上写画。学生看见我都有些紧张，我马上表示，学校允许大家这样做，还给个别学生做了指导。在该班听课时，教师们走进教室，都有一种别样的感觉，大家都说这气氛很好，我乘机向其他班推荐了这种做法。有些班主任摇摇头：“没时间，太麻烦。”

2012 年 5 月，学校组织部分管理人员到陕西省宜川中学考察，回校后，高中部率先利用楼道营造了多姿多彩的青春气息。

这是学校强制各班执行的。有些班主任不知道该如何指导学生，学生也没有见过“世面”，不知该如何下手，年级组领导就把各班负责这项工作的学生召集起来观摩、研讨，最终完成了第一期楼道墙报。

师生们在来来往往的“评头论足”中，发现了很多不足。在第二期楼道墙报完成后，档次明显高于第一期。就这样，高中部的楼道文化成了学校的一道风景。

2012 年秋季开学，我要求初中部也推行楼道文化，可参考高中部的做法，但一定要适合学生的年级特点和年龄特点，不可盲目模仿。

初中学生的积极性很高，仅仅一个周末，他们便让楼道充满了浓浓的艺术气息，有些学生俨然一位大画家，派头十足，颜料一大摊，有几个同学“伺候”。他们还真能干，十几平方米的墙面一挥而就，酣畅淋漓，构图、意境、笔墨、色彩都有点专业水平。我虽为美术老师，有二十几年的工作经历，但自愧没有这些学生的胆略和霸气。

偌大的楼道有书法、剪纸，有中国画、水彩画、卡通画、连环画，有花花草草、动物翎毛，有自然风光，有人物写意。除了美术作品，还有各学科的知识拓展，真是一个百科书画知识长廊。教师们走进教学楼立刻被学生所写所画吸引了，驻足欣赏，啧啧称奇。学生的才艺得到教师的认可，格外兴奋，从此师生间多了一座沟通的桥梁。

有工作组来考察，校长把楼道文化作为一个亮点进行推介。

有一个兄弟学校的领导看见了这别样的风景，惊叹："太漂亮了，你们的学生为什么不会破坏，这要在我们学校肯定会被学生破坏了。"自己的作品，自己的劳动成果，怎么忍心破坏呢！

其实，这靓丽的风景也不是一成不变的。学校要求，各班学生任何时候都可以更换墙报。

多给学生提供发展、锻炼的空间，学生将还给你一个个惊喜。

独特的楼道文化一传十，十传百，按捺不住"诱惑"的同行带领自己的团队来观摩了，习仲勋红军小学、山城八一希望小学、芦家湾中学……

没有目标，哪来的劲头

——为学生制订奋斗目标

2012年10月在开完第二次月考学情分析会的当晚，我心潮澎湃，久久难以平静。我望着屋顶，回想着白天给学生讲的内容，到底会对他们产生多大作用，自己心里也没底。我觉得单凭说肯定不行，还需一些配套措施来点燃学生的学习激情。“明确的学习目标很重要”，我回味着白天给学生讲的这句话，脑海中迸出一个想法，何不为每个班级制订明确的奋斗目标公示牌呢？

第二天去学校的路上，思维渐渐清晰起来。我决定给各班印制一条横幅，内容是“2012年环县一中重点班录取线535分，普通班录取线463分”，悬挂在教室前方；再制作“环县五中2013届初三×班中考目标奋斗牌”（以下简称“中考目标奋斗牌”）和“偏科生转化公示栏”，悬挂在各班教室后墙，以警示、激励学生。学生可在“我的奋斗目标”栏内签名，写上他们的理想。每次月考结束，教师在对应的成绩栏内填上学生的名字，进步者用红笔，退步者用蓝笔。540分，是估计的今年环县一中重点班的录取线；490分，是估计的环县一中普通班的录取线；420分，是估计的环县第二中学（以下简称“环县二中”）、第四中学（以下简称“环县四中）、第五中学的正招录取线；370分，是估计的三所高中扩招的录取线。以此激励学生向自己的预定目标奋斗。

环县五中 2013 届初三（1）班中考目标奋斗牌

	我的奋斗目标	第一次月考	第二次月考	第三次月考	第四次月考	第五次月考	第六次月考	第七次月考
540 分以上								
490 分以上								
420 分以上								
370 分以上								
370 分以下								

环县五中 2013 届偏科生转化公示栏

姓名	所偏学科	帮扶对象	目前成绩	转化目标	第三次月考	第四次月考	第五次月考	第六次月考	第七次月考

通过“偏科生转化公示栏”将每班学生的偏科情况进行跟踪记录，给偏科生以压力和动力。为了配合班级学生的转化，要求每个教师都要承担偏科生的转化任务，并做好检测统计（如下表）。

教师________ 班级________ 学科________

转化对象	目前成绩	转化目标	转化措施	检测记录					
				第三次月考	第四次月考	第五次月考	第六次月考	第七次月考	中考

我先召集教师详细讲解了这三个表的用法，要求各班级、各任课教师认真做好记录。为了使新举措真正起到作用，我利用空闲时间到各班讲解2012年的录取线与学生目前的差距，鼓励他们制订较高的奋斗目标，引导他们认识到每月进步一点，最终就能达到自己的目标。

这项措施在各班引起了很大反响，学生开始思考自己的未来，不管我到哪个班，学生都能使我感动。于是，我记下了自己的感受。

昨天，初三各班的教室增加了一块“中考目标奋斗牌”，奋斗牌上有540分、490分、420分、370分等分数段，让学生自我定位，在明年的中考中，期望自己达到哪个分数段便在该分数段的相应栏内签下自己的名字。这几个分数段代表的意思学生都懂：540分，环县一中重点班分数线；490分，环县一中普通班分数线；420分，其他高中分数线。当然，这只是参考2012年全县各高中录取线虚拟的分数线。

奋斗牌张贴出去后，我到各班观察学生的反应。学生都很兴奋，盘算着自己在哪个分数段签名。(4)班的黄飞同学把自己的名字签在了490分栏内，我问他：“能达到吗?”他充满信心地说：“能!”“你现在的成绩是多少?”我问道。“346分，第一次月考305分。每次月考增加40分，就可以达到我的目标。我现在每天5:00起床，晚上10:00睡觉，很刻苦的。我想我一定能够达到目标。”我鼓励他道：“要坚持下去，老师也觉得你能够达到。”

(2)班的赵华同学在540分栏内签下了自己的名字。这让我有些意外，同时我被她的“豪情”所折服。因为（2）班的学优生比较少，第二次月考500分以上的只有三人，且成绩也不是太高，第一名排在年级31名。赵华同学的“豪情”让我对她刮目相看。我问她目前的成绩。“456分，只要我努力，中考我一定会考到540分的。”

明确奋斗目标很重要！

有了明确的奋斗目标，人们才会想办法克服一切困难去追求目标，在追求的过程中产生强大的动力、毅力和魅力。

越王勾践为实现复国的目标演绎了“卧薪尝胆”的故事，苏秦为了干一番大事业书写了“锥刺股”的美谈，韩信为鸿鹄之志甘受“胯下之辱”，岳飞为“还我河山”刺字于背，以毛泽东、周恩来、朱德等老一辈革命家为代表的中国共产党为创建新中国翻雪山、过草地，谱写了壮丽的长征诗篇……

目标的诱惑实在太大了！

我们在传授知识的同时，要让学生明确自己的目标，这样学生的学习才有动力。如果没有明确的目标，学生就会“做一天和尚撞一天钟——得过且过”。明确的奋斗目标可以产生动力、带来压力，还可以证明自己的实力，体验奋斗带来的快乐。

确定目标，奋斗吧！同学们!!

2013年6月中考后，我校第一届毕业生的初中学习结束了，我的工作重心要转到下一届初三学生身上。

环县五中的第二届初三学生综合素质比第一届稍好，且相配的部分教师是以考试的方式选拔来的，从业务素质上讲相对于第一批教师略微优秀一些；在管理方面，年级主任曹永海具有多年的年级组管理经验，阅历丰富。这些有利条件有力地推动了学校的新课改。

我提倡任课教师向上一级教师学习新课改理念，感受新课改操作方式和氛围。

通过一学期的实践摸索，教师们的观念有了改变，但在操作方面的困惑却越来越多，于是，张校长带领30名教师赴江苏省昆山前景教育集团考察学习，参加了昆山前景教育集团开展的小组建设体验式培训，收获很大。

回校后，教师们在课堂管理、课堂展示、课堂评价、小组建设、课改文化等方面做了专题研究，在团队的共同努力下，新课改成果凸显，课堂形式成为全校的亮点。

走进初三，这些学生将以什么样的成绩走出环县五中，大家都在期望着，期望环县五中的奇迹由这个团队创造。

作为教务主任，有了第一届毕业班的经验，对于第二届学生的管理工作，我更得心应手一些。我将目标锁定在教师身上，决定在给学生制订目标的基础上，为教师也制订目标，以促进教师的发展，从而提高学生的成绩。

对于学校来说，家长最关心的还是考入重点高中的人数、考入普通高中的人数以及中考的平均成绩，教育行政部门也是按照这些项目评价一所学校的办学业绩的。

环县五中推行新课改的初衷，是想通过激发学生的学习激情来提高学生的能力和成绩，这个成绩不是教师硬逼着学生学的，而是能力提高后自动生成的结果。

为了向社会证明环县五中新课改的实效，证明环县五中能成为一所好学校，我想，只要本届学生的高中升学率达到全县第一，或者超过人们心中的王牌学校环城初级中学就可以了。为了能达到这一目标，升入初三后，首先要让师生明确这一奋斗目标，明确之后的一切措施也是为了实现这一目标而制订的。

于是，我向全体师生提出了“249 工程”，“2”指 20％的学生要考上环县一中的重点班，“4”指 40％的学生要考上环县一中，“9”指 90％的学生要考上高中。按照现有学生人数，将有约 100 名学生考入环县一中的重点班，约 200 名学生考入环县一中，约 450 名学生考上高中。

初三开学工作安排会上，我把这个奋斗目标展示给教师，教师们一片哗然，认为这是不可能的事！

我给教师耐心地解释，这是我们的奋斗目标，我们要向着这个目标冲刺，为了实现这个目标，我们要群策群力，发挥团队优势，要研究学情，采取科学高效的教学策略。最终教师们一致通过了这一目标，并保证一定会努力实现目标。

接下来，我要求各班班主任、各任课教师把这个目标通过各种途径向学生渗透，让我们的服务对象明确这个目标，然后给自己准确定位。师生都有了明确的目标，工作、学习的劲头大增，处处充满了激情。

零失误，您能做到吗

——用标语激发学生斗志

进入毕业季，我每天都观察毕业班学生的状态，为了增加学生的紧迫感，我给每个班做了这样一条标语：

“中考如战场，敢拼才会赢。”

5 月 8 日下午，我召开初三年级组教师座谈会，征集教师最近一段时间在工作中遇到的问题。每个教师都发了言，大家谈得很坦诚、很客观，给了我新的启示。比如，体育特长生训练占用时间的问题、问题学生的问题、复习经验的介绍等。总之，会开的很有时效性。

听完教师的发言，我做了如下答复。

一是每位教师都要最大限度地激活学生的学习激情，想办法让学生有一个良好的学习状态。

二是做好计划安排，把握好复习时间。

三是要稳定学生心态，一旦发现有学生填毕业留言册，要坚决制止。

四是与学生加强沟通，尽量帮助学生圆自己的高中梦。

五是在最后的一个月，我将把大部分精力用在初三年级，为教师排忧解难，帮助教师开展工作。

初三（1）班最近一段时间有几个活泼好动的学生无心学业，影响了全班的学风，我利用班会时间给该班学生打气，激发学生的斗志。

同学们原以为我要严厉批评他们，结果我采取以退为进的方式首先向大家致歉：由于自己管理上的失误使该班的学风受到影响，请同学们原谅。接着我问同学们想不想上高中？想不想改变目前的学习状态？通过动员、鼓励，讨论气氛空前高涨，几个问题学生满脸通红，向全班同学表达了歉意。

每个班存在的问题不一样，学生的状态也不一样。比如（1）班的问题学生较多，（2）班的"尖子学生"少，（3）班的两极分化严重，学困生太多，（4）班、（7）班有早恋现象，（7）班学生纪律涣散，（5）班学生状态不理想……针对这些情况，我有针对性地进行了说服教育。

2013年6月1日至2日，初三年级进行第七次月考。考试结果让教师们大为惊喜：600分以上8人，500分以上95人，463分（2012年环县一中录取线）以上137人，400分以上202人。年级平均成绩405分，优秀学生数量明显增多。看来分层次做的思想工作见效了。

面对这个结果，我思考了许久，在中考前的这几天，我们应该为学生再做点事情。

首先，召开教师会。通报成绩，对进步比较大的班级进行表扬，树立典范，对最近状态较差的班级进行通报批评。我要求教师们再接再厉，引导学优生，抓每个学科中能够得分的关键点，引导中等生和学困生抓基础，尤其是初三的基础知识。

其次，分层次召开学生会。根据学生的成绩分层次召开分析会与鼓劲会，帮助学生分析现状，制订复习计划，鼓励学生做最后的冲刺。

最后，召开全年级学生会，分析第七次月考成绩和中考现状，号召学生积极向上。之后，我时常到各班巡查，主要目的是看学生的学习劲头如何。结果早读前有三个班都只来了十多人，说笑、吃早餐、聊天，没有进入学习状态。我在楼道来回查看，直到上早读，这几个班还没有进入学习状态，我真为这些学生担忧。

打仗靠士气，学习靠激情，这三个班的学生激情明显不足。我灵机一动，让各班班长把学生带到操场，整队查人再集体出操，之后与他们沟通——先让他们知道我这样做的原因，然后提出具体的措施。

第二天早晨6点整，我到各班巡查，上述三个班90%的学生已到，并进入学习状态。班主任及年级主任也陆续到位。

按照年级组的要求，学生 6:20 早读，教师 6:20 辅导早读，教师都在 6:20 前赶到了教室，所以我没有批评教师，只是觉得应该让学生抓住早晨的大好时光。师生按部就班，被动接受学习、工作任务的状况有待改进。

为营造氛围，我决定在楼道黑板上书写醒目标语：零失误，您能做到吗？以提醒学生时刻细心。这个标语可以让美术老师写，也可以让学生写，为了使它产生最大效益，我决定亲自写，因为我的身份是教务主任。

于是，我在楼道黑板上书写了标语：零失误，您做到了吗？当时有很多学生围观，有学生说能否把“您”改成“你”，这个“您”字让他们倍感压力。我说：“不能改，这正是我要的效果。”

标语是最直接的文化渗透，在班级管理中，班主任通过不同的标语彰显了本班的治班方略和管理理念。在复习阶段我给每个班做了“会做的不错，能得的不失”的标语，警示学生改掉马虎的毛病。实践证明，恰当的标语对学生的行为会产生很大的作用。

家长培训会

——提高家长素质，形成教育合力

“你怎么这么不争气。”“我对你失望极了!”这是家长经常会说的话。也许家长说完，气消了、没事了，可孩子会永远记得，这会对他们造成很大的影响。

有这样的家长，孩子能不出问题吗？最信赖的亲人对自己都这个态度，他们对前途还有什么希望呢？

问题孩子的问题很多出在家庭教育上。教师中流传这样一句话“五加二等于零，或者等于负数”。我初闻时，不知是什么意思，请教得知，原来学生经过五天的在校教育，知道了怎样做对、怎样做不对；但当他周末回家后，发现社会上的人或父母做得跟老师说得不一样，他会学着身边人的做法去做，于是前面的教育就白费了。当家庭教育与学校教育产生矛盾时，受害的只能是孩子。

所以，对家长进行培训非常必要。

2013 年 11 月，期中考试过后，政教处安排了为期一周的家长会，每个年级一天，初三年级安排在星期五下午。

我与年级主任曹永海沟通家长会该如何召开。曹主任说按照政教处的安排分班级召开，他准备请家长 16:00 准时到各班开家长会。我想借此机会给家长做一些培训，为年级组的教育“添一把柴”。于是我让家长 14:20 到校，先由我做一些培训，然后到各班教室观课，最后再分班级开会。我想通过这半天的时间把家长拉到老师这一边来，让家长成为老师做学生思想工作的助手。

11月15日14:30，会议室挤满了家长，我对家长培训了近一小时，内容如下。

尊敬的各位家长，下午好！

今天把大家请来，主要是沟通一下如何把你们的孩子，即我们的学生引导好、教育好，使他们健康成长，并考入理想的高中。

首先，我把环县五中的情况简单地给大家介绍一下。环县五中建校于2010年8月28日，校舍建筑面积24000多平方米。有教职工200多名，有58个教学班，3200余名学生。

建校之初，学校即确定了以“教师发展为基础，学生发展为核心”的办学理念，以“精细实、真善美”为校训，以“乐教乐学、爱生唯生”为教风，以“自主乐学、合作探究”为学风；坚持从改善课堂生态出发，进而改善德育生态、管理生态、学校文化生态。目前，学校全力推进“五步三查”自主开放课堂教学模式和“班级民主、学生自主”德育工作模式。

学校新课改工作已经初显成效，在2013年中考中我校以平均成绩第七、综合考核第四的成绩名列全县前茅。新课改的一些做法已经得到市、县教育主管部门的重视。11月8日，全市新课改现场会在县城召开，我校是重点观摩点，来自全县28所中学的校长、教务主任，各乡镇学区主任等共计150多人参观了我校，并对我校的办学思路、办学策略给予了高度评价。全县有十多所学校来我校观摩交流。

那么，新课改的实效性，也就是大家关心的升学情况如何呢？在第一届学生初二升初三时，我校与环城初级中学进行了一次联考，语文、数学、英语、物理四科平均成绩比环城初级中学低40分，之后我们采取了分层导学等措施，在中考时，我校平均成绩比环城初级中学低6分，从而点燃了学生的学习激情，增强了学生的自信心。

我给本年级确立的目标是“142”工程。“1”就是100%的学生能够考上高中，“4”就是40%的学生能够考上环县一中，“2”就是20%的学生能够考上环县一中的重点班。之所以定下这么高的目标就是想给所有的学生以希望，引领他们向这个目标奋斗，激发他们学习的动力。我们做家长的要引导孩子树立远大理想，志存高远。为了孩子能在未来的竞争中有优势，我们要引导孩子取得硬件（学历），学得真本事。而中考是他们的第一道坎，没有上高中，就无从谈上大学，无从谈将来的事。

另外，作为家长我们还要学会鼓励孩子。今年，学校对初三的师生实行三级激励措施。第一级，制订了中考奖励办法，以调动教师工作的积极性。第二级，制订初三年级月考奖励办法，对每次月考的进步班级、进步小组、进步个人进行表彰奖励，树立榜样。第三级，各班制订奖励措施，激励在年级组没有获得奖励的进步学生。通过这些不同层次的奖励，鼓励学生向上、向前发展。学校如此，做父母的更应该如此。

父母与孩子应是怎样一种关系呢？是绝对的权威，还是平等的朋友？孩子对父母的要求是绝对的服从，还是允许其有自己的主张？初中的孩子逆反心理、叛逆性格凸显，在这个阶段，他们认为自己的所思、所想、所做都是对的，他们批判地看待父母的言行，所以这一阶段的孩子是最让家长头疼的。

如何与孩子相处，这是一个大学问，我认为应该这样做。

一是尊重孩子的爱好。每个孩子都有爱好和特长，作为家长，不能打压，而要合理地引导并予以支持。爱好有正面的和负面的，如各项体育运动、书法、绘画、音乐、舞蹈等都是积极健康的，对孩子的身心发展是有帮助的，父母应予以支持。而沉迷于网络游戏，沉迷于武打、言情小说等，家长应该劝阻或制止。现在的孩子，对网络游戏非常着迷，许多家长想要阻止却苦无良策。我认为，电脑还是要让孩子接触的，游戏也可以偶尔玩一玩。电脑在人们生活中已经必不可少，家长不能回避这个事实。有些事情，你越限制，孩子的好奇心越强。家长可以陪孩子一起玩电脑，但要控制内容和时间。如果不让孩子接触电脑，好奇心会驱使孩子走进网吧，这样更危险。父母可以与孩子一同参加体育运动，一同参加其他活动，相互之间有了共同话题，孩子就会听父母的建议了。

二是给孩子信心。父母是孩子最亲的人，孩子很想得到父母的称赞和表扬。大家试想一下，成人做某些事情都想得到别人的认可，何况孩子呢？

同时，要允许孩子失败，允许孩子犯错。每个人在成长的道路上都失败过，都犯过错，每一次失败，每一次错误都会给孩子带来收获。许多父母往往喜欢听话的孩子，大家想一想，听话的孩子就是好孩子吗？目前看来是让你省心了，但这样的孩子没有自己的思想、没有闯劲，只有服从。将来谁愿意看到自己的孩子没有主见呢？所以，父母一定要有博大的胸怀容纳孩子的失败和错误，帮助孩子总结经验，鼓励孩子继续努力，让孩子体会到你对他的爱，从你这里获得前进的动力与信心。

三是做孩子的知心朋友。许多父母认为，孩子就应该听自己的话，不听话，就要受到责骂。许多问题学生的家庭教育都是如此，这是当代家庭教育的悲哀。其实，家长应做孩子的知心朋友，与孩子成为“哥们”或“姐们”，无话不谈。试想一下，孩子随时把自己的想法告诉你，你能随时了解他的需要，他还会走错路吗？

四是要经常与教师沟通。孩子的大部分时间是在学校，在学校与孩子接触最多的人就是老师和同学。孩子在学校的表现如何，老师对孩子的要求是什么，家长一定要清楚，而且要与老师的要求保持高度一致。否则，孩子在学校按照老师的要求做，在家里却按照父母的要求做，时间一长，孩子就不知道到底是老师正确还是父母正确了，他们会感到迷茫，不知该怎么做。孩子陷于两难境地，会非常痛苦。比如，学校禁止学生带手机，家长偏偏给孩子买手机；学校禁止学生在校吃零食，家长偏偏买零食让孩子带到学校吃……

五是要注意教育方法。方法不当，不但达不到教育目的，还会产生反作用。比如，初中阶段的孩子处于青春发育期，异性之间会产生吸引力，早恋现象比较普遍，家长如果为此打骂孩子，就会使孩子远离父母甚至离家出走。假如你的孩子出现了这种情况我建议你不要慌张，可以采取以下两种方法进行引导。一种方法是让孩子仔细观察对方的缺点。“情人眼里出西施”，但换个角度看“情人”，就会出现另类的感觉。我校一名班主任收到一名女同学的信，信中说：“我看上了本班的一个男同学，觉得他的举手投足都很吸引人，每天只想看他，无心听课，无心学习，我该怎么办？”老师回信说：“从明天开始，你注意观察他有什么缺点，或者让你讨厌的地方，如果你能找出十条，我再给你答复。”过了一段时间，女同学对老师说，她再也不想这个男同学了，因为她发现，其实他有很多缺点。这是个真实的案例。另一种方法是开导孩子：“男女同学之间的正常交往可以，但一定要有度。谈情说爱是成人的事，你还没有到这个年龄段。可以想一想，你觉得他（她）很优秀，这是在环县五中，假如你到了环县一中，还会有更多的优秀青年会成为你的朋友，他（她）还是你眼中最优秀的吗？等你将来上了大学，来自全国各地的优秀青年与你做同学，他（她）还会是你眼中最优秀的吗？等到大学毕业时，你大学学业已经完成，也到了谈婚论嫁的年龄，如果你还喜欢他（她），我们肯定会支持你的。什么年龄做什么阶段的事，现在你的任务就是读书。”大家想一想，孩子会接受吗？对待早恋如此，对待孩子的其他问题也应该讲究策略。不要低估了孩子的智力，要走进他的心灵不是一件容易的事，所以我们要用自己的智慧引导孩子发展，千万不能用简单粗暴的“棒喝”之法。

总之，只有我们建立统一战线才能把你的孩子，我们的学生教育成既能考高分，又具备各种能力的优秀孩子。

给家长做完培训，我赶紧带家长到各班教室观课。这节课我事先做了安排，主要是展示学生的表达能力、组织能力和书写能力。家长来到孩子的教室，看到他们像老师一样讲题，看到他们表演的节目，都发自内心地笑了。有些家长听了我的培训、看了孩子的展示、感受了教室楼道文化后，激动地对我说：“实在没有想到环县五中办得这么好！”

家校携手，共建和谐教育

——初三（4）班家长开放日活动实录

主题：携起手来，把你们的孩子，我们的学生教育好

主持人：胡亚彤

主持人发言：

尊敬的老师，各位家长，大家下午好！

感谢各位家长能够在百忙之中，抽出时间来参加这次家长会，孩子的教育需要学校和家长的配合，需要老师和家长的共同努力。这次家长会，是为了让老师和家长之间有一个更好的沟通平台，让孩子在考高中的路上能够一帆风顺。今天的家长会分为三个议程。

很多家长对学校提出的“五步三查”课堂教学模式不清楚。今天就让各位家长对我们的学校有进一步的了解，对孩子生活的班集体有进一步的了解。第一项，请班主任介绍本班情况。

班主任发言：

尊敬的各位家长，大家好！

首先请允许我代表初三（4）班全体师生，对各位到会的家长表示感谢，感谢各位对我们工作的大力支持。大家能从百忙之中抽出时间来参加家长会，说明你们对自己的孩子都十分关心。是啊，哪一位家长不望子成龙、望女成凤？又有哪一位老师不希望自己的学生能有出息呢？我们家长、

老师、学校有一个共同的愿望：教育好他们！让我们携起手来，把你们的孩子，我们的学生教育好。

我知道，有很多家长都很想知道自己的孩子在进入初三之后成绩怎么样？在学校表现怎么样？学习能力和发展的潜能怎么样？召开这次家长会，主要目的也是希望家长进一步配合老师，做好学生的工作，加强家长和学校之间的联系，让学生学得更好，取得更好的成绩！

一、介绍本班基本情况

作为班主任，我首先来介绍一下本班情况。我们班有学生 48 人，总体情况是学优生多，中等生少。全年级公认本班学生较聪明，男生较调皮，而女生相对文静，女生的成绩相对好一点。本学期我们已经进行了两次月考，在第二次月考中我们班进步的同学有 30 多人，有的同学进步非常大，在年级中进步 100 多个名次。当然也有个别同学考得不够理想。我们班人数较多，顾了这个就难免会忽视了另外一个，如果我在工作中有什么疏忽，请各位家长谅解。

现在就各位家长最关心的成绩问题做简单的说明。孩子已经长大，马上面临中考，所以家长一定要做好孩子的思想工作。现在我们该讨论的已不是孩子的成绩差与好的问题，那我们看什么呢？要看孩子每次月考的成绩进步了没有，孩子的学习态度端正了没有。现在我把第二次月考的成绩和第一次月考的成绩进行公布、比较……以上取得的点滴成绩跟我们每一位学生的努力和在座的每一位家长的支持分不开，请允许我再一次向支持我们工作的各位家长表示感谢，我也真诚地为学生所取得的进步而骄傲，为学生所取得的优秀成绩而自豪。

二、存在的问题

在取得成绩的同时，我也清醒地认识到我们存在的一些问题。

1. 有些学生思想不端正，学习目标不明确，听课不认真。这些学生不管老师说什么一律都不听，干什么事都走在别人的后面。抄袭作业现象严重，特别是数学作业，所以我要求学生把数学作业带回家做，家长要督促学生。

2. 迟到、请假的学生比较多。冬天迟到的学生越来越多，希望家长能保证孩子按时上学。现在的课程比较紧张，希望孩子少请假。

3. 吃零食现象比较严重。班里学生每天都会买零食吃，下午在校门口的摊点吃饭，很不卫生。希望家长多教育孩子不要买零食、不要在校门口摊点吃饭。

4. 上网、玩手机。有些家长监管不到位，致使孩子到网吧上网，甚至包夜，第二天上课瞌睡，不能很好地学习。学校禁止拿手机，但还有个别学生把手机带进校园，甚至在课上上网聊天。

5. 安全问题。对于每个学生的安全，我都非常重视，每次上课前都要讲几句，班会课上更是不停地重复，可孩子毕竟是孩子，他们贪玩、好动。所以也恳请家长在家一定要教育孩子注意安全。

三、推荐几点做法

1. 家长该从哪里入手提高孩子的学习成绩，培养孩子好的学习习惯呢？有的家长一见到孩子入学后学习松懈，成绩一时不够理想，便十分焦急，抱怨和斥责孩子，还有的家长认为是老师给的压力不够。这样的做法和想法都是错误的，学习习惯的养成需要一个过程，需要家校合作才行。我和你们一样，希望每一个学生都能全面发展，都能有更加美好的明天！

2. 多理解、关心孩子。

3. 关注细节，留心观察孩子的变化。

4. 以身作则，为孩子营造良好的成长环境。

5. 注重学习习惯和学习能力的培养，切忌家长包办代替，要注重培养学生的自主能力、实践能力和创新能力。

6. 了解学校对学生的要求，配合学校的工作，形成教育合力。

以上是我发自肺腑的话语，谢谢各位家长的支持，不当之处敬请家长谅解。

祝各位家长家庭和睦，生活幸福，工作愉快！

祝你们的孩子健康成长，学业有成！

主持人发言：

一个优秀的孩子背后，一定会有一位细心教导的家长，优秀的家长能教出优秀的孩子。下面进行班会第二项，家长谈经验。

马子晴同学的家长发言：

老师，同学们，很荣幸今天我能作为家长代表向大家介绍我教育孩子的方法，如有不妥之处，还请大家指正，我们共同探讨、交流。

1. 给孩子一定的自由空间。在一天的学习结束后，给孩子一定的空间和时间去做他们想做的事。周末，让孩子自己合理安排时间，不要对孩子过分严格，要为他们营造一个开心、快乐、轻松的学习氛围。

2. 经常鼓励孩子，使之树立自信心。在孩子考试不理想时，可适当地指责几句，但最重要的还是让他们从考试中吸取教训，分析考得不好的原因。

3. 不要一味责备孩子。在孩子做错事后，不要一味地责备，而要先询问他那样做的原因，然后再给他讲道理，告诉他做错的后果，并提醒他今后不要犯同样的错误。

4. 培养孩子的自学能力。家长不要过多干涉孩子的学习，只要定期询问孩子的学习状况并适当检查学习情况即可。更多的是让孩子自己约束自己，自己管教自己。当他们的方法出现了错误时，家长可以发表自己的意见，让他们做出正确判断。

以上便是我教育孩子的方法。

谢谢！

陈晗同学的家长发言：

尊敬的班主任、各位老师、各位家长，大家下午好。我是陈晗的爷爷，也是一名教师，就职于环县一中。本来应该由陈晗的爸爸来参加家长会，但陈晗非要我来不可。陈晗本次考试进步很大，说到对陈晗的教育方法，我简单讲几个方面，希望能给诸位家长带来一些思考。

首先，我认为陈晗进步主要是老师，特别是班主任的功劳，在此我代表全家表示感谢！往往学生听老师的话胜过听家长的话。因此，我希望老师能继续加强对陈晗的教育和引导，使其能够更进一步。

其次，我们作为家长，一是多说教，讲理想、讲方法、举正面例子，特别是让他向好的榜样学习；二是多鼓励，陈晗近几次考试都略有进步，我们每次都表扬鼓励，或买一件衣服，或奖励给陈晗喜欢的物品；三是多辅导，我是教数学的，周末我会检查督促陈晗的作业，对于数学难题，给予陈晗分析引导。四是动员全家监督管理，坚决没收手机、闲书，不让他玩游戏、看网络小说等，效果不错。

最后，我想提一点建议，老师布置的家庭作业或课外作业，要定期检查，督促学生完成。比如，数学练习册和英语练习册等，老师不检查学生有时就不做，而家长说他们也不听。

总之，陈晗能取得目前的进步，我们全家都很高兴，他本人也有了信心。希望陈晗能继续努力，争取考上环县一中，为老师和家长争光。

程伟同学的家长发言：

各位家长、老师，大家好！

初三这一年，是学生初中阶段最关键的一年，也是学习、生活十分紧张的一年，为了能使孩子进入一个理想的、满意的高中学习，孩子们要对初中三年来的知识进行统一的整理和复习，将零散的知识形成一个完整的体系，这既是对初中阶段的一个总结，又为高中学习打下了坚实的基础。所以，学校、教师和家长都十分关注毕业班的教学。

作为一名初三学生的家长，我会努力配合学校的工作。下面谈谈我作为家长的一些个人观点。

这次月考，程伟的成绩不错，排名比较靠前，这是老师和他本人共同努力的结果。作为家长，我其实并没有起太大作用，再次感谢各位老师和班主任对他的教诲。

在教育孩子方面，我认为家长是孩子的第一任老师，家长的一言一行都影响着孩子的学习和身心健康，因此家长在待人处事方面必须起表率作用。平时我对孩子的管教既不过分严厉，也不过分溺爱，我们的关系就像朋友，我经常鼓励他与我交流，从而了解他的学习情况、生活情况、思想情况等，发现问题及时帮他纠正。孩子回到家里，我会尽量让他做一些力所能及的家务，培养他的自理能力，为他将来的自主生活打下基础。

在学习方面，升入初三后压力较大，作为家长，在家庭这个小环境中，我会尽量减少他的压力，让他感觉到家庭是他心灵的归宿，让他学得更快乐一些，心态更平和一些。在此基础上，让他制订复习计划，尽量独立完成作业，不依靠父母，养成良好的学习习惯。

在生活方面，我尽量满足他的物质需要和学习需要，但最重要的是要了解孩子需要什么，精神鼓励比物质鼓励重要得多。同时，要尊重孩子的选择，不能强求孩子做自己实在不愿做的事情。

最后，愿我们互相合作，把你们的学生，我的儿子培养成学习勤奋、品德高尚的人。

再次感谢各位老师！

主持人发言：

刚才，三位同学的家长把他们教育子女的方法与我们进行了分享，谢谢他们。

一个学生之所以优秀，一半是学校和家庭的教育原因，另一半是个人努力的原因，同在一个班级，为什么有些学生懂的知识多，有些学生懂的知识少呢？下面进行第三项，听听学生的发言。

刘勇峰同学发言：

尊敬的各位家长、老师、同学们，大家下午好！

很荣幸能够站在这里发言，下面谈谈我对学习的一点小看法。我出生在一个普通的农村家庭，父母对我的学习十分重视，每次考试之后，都很关心我的成绩。考得好时我和父母都很高兴，但考得不好时，我也会如实禀报。父母也不会批评我，只是鼓励我，为我加油，但我却十分伤心。

有同学抱怨学不好，有家长抱怨孩子学得差。我觉得，只要有付出，就会有收获；只要肯努力，就会成功；只有学了，才能有好成绩。学习要踏实、投入，体会到了学习的乐趣，你便会自然而然地好学，并且能学好。

最后，告诉同学们一个学习的秘诀——刻苦认真最关键。尊敬的各位家长，请相信你们的孩子永远是最棒的！

谢谢大家。

主持人发言：

下面的时间家长可以和老师交流沟通。

……

主持人发言：

家长说了这么多，老师也说了这么多，都是为了孩子好，如果真的为孩子好，请各位家长在处理事情时，多给孩子一点尊重。

最后，感谢各位家长的合作，今天的家长会到此结束。

成立家长委员会

——家长委员会的产生及职责

为了规范、协调家长参与班级和年级组管理监督工作，促进家校沟通互动，特成立家长委员会。

一、家长委员会成员要求

1. 拥护党的路线、方针、政策，具有一定的理论素养，关心教育事业。

2. 思想进步，文化素质较高，遵纪守法，作风正派，乐于为学校教育事业服务，乐于为学生服务。

3. 有较强的事业心和责任感，懂得一定的教育规律，关心、支持学校发展，能积极参与学校的管理和监督工作。

4. 重视对子女的教育与培养，以身作则，有良好的家庭教育氛围和成功的家庭教育经验。

5. 具有一定的组织管理能力和社会活动能力，能为学校献计献策。

6. 能保证参与相关活动，并有一定的组织、策划和协调能力。

二、家长委员会组织机构的产生及推选办法

按班级先设立班级家长委员会，年级组再在此基础上设立年级组家长委员会。

班级家长委员会和年级组家长委员会的产生及推选办法如下。

1. 班级家长委员会：在班级全体家长会议上推选产生，原则上每班 6 人左右，具体名额班主任可视班级学生人数自行确定。各班级家长委员会设主任 1 名，副主任 2 名，秘书长 1 名，其余为委员。主任和副主任由班级家长全体成员推选产生。

2. 年级组家长委员会：由各班推选 2 名家长参加年级组的家长委员会，在这 20 名家长中（每个年级有 10 个班），由年级主任和家长推选 1 名顾问，1 名主任，2 名副主任，1 名秘书长，其余家长为委员。

3. 家长委员会成员每年根据情况进行调整。学生毕业或转学，其家长的家长委员会成员资格自动取消。

三、家长委员会职责

1. 年级组家长委员会的顾问聘为年级组的指导老师，要为年级组的工作出谋划策。同时负责（主持和指导）家长委员会工作。

2. 家长委员会的主任要定时组织召开家长委员会会议（每星期至少 1 次），同时配合班主任和年级主任协调家长和老师或家长和家长之间的矛盾。副主任配合收集和整理各家长的意见或建议，并且及时反映到年级组。

3. 年级组家长委员会的秘书长负责会议的召开和资料的收集整理，以及处理家长委员会的日常事务。

4. 各年级组家长委员会委员负责召开本班的家长会，及时收集家长的意见或建议上交秘书长。

5. 年级主任负责定时召开家长委员会会议，将收集的问题及时反馈给班主任或任课教师。

立德树人篇

培养学生的十二个好习惯

——一位教师的成长见证

2010 年 8 月 27 日，在环县五中科技楼的实验室里，教师正在忙碌地给新同学注册。这时进来一位身材偏瘦的年轻男子，他说他是新调来的教师，叫王绍明。话音未落，他便从衣兜里拿出一支烟，熟练地点燃，一边吸一边把烟灰弹在地上。

我看着他，皱了皱眉。

他没有察觉我的不快，继续吸他的香烟，继续弹他的烟灰。

校长看不下去了："您能不能别把烟灰弹在地上。"

我与校长都不吸烟，所以也不太喜欢吸烟的人。像王绍明这样年轻且在我们面前肆无忌惮地吸烟的老师，我比较反感，但毕竟是初次见面，我没有说什么，只是印象便不太好了。

后来，得知他是英语老师，兰州市皋兰县人。

为了掌握每个教师的教学素养，我们开始逐一听课。

听完王老师的课，我觉得他的教学思路挺清晰。然而，另一位管理同行兼英语教师指出了这节课的多处不足：书写方面的、语法方面的、读音方面的……我是教美术的，对英语教学不太在行。而这位同事原来是环县一中的高中英语教师，算是权威，所以他的品评应该是正确的。

第一次听课，我看出了王老师的慌张。

后来，又听了几次王老师的课，结论都差不多。

校长为了兼听则明，邀请县教研室的英语专家祁老师一同听课、诊断。祁老师听完课后反馈的信息是，王老师的教学水平稍弱一点。

这时，我们发现王老师所带班级的考核一直落后，班级中的问题学生也多了起来。于是，学校决定不再让他担任班主任，并减掉他一个班的课，让他边教边学。

后来，经过几次观察，我发现他的压力很大，于是找他谈心，谈到了他的学习经历、从教经历以及对英语教学的理解、对工作的反思等。我们交流了两个多小时，我劝他不要气馁，鼓励他积极进取。

2011 年，在安排工作时，我建议把王老师调到初一，教初一（9）班和（10）班的英语，兼任（9）班班主任，让他从头再来。在通知王老师之前，我与他进行了沟通，并在班级管理上给他提了一些建议。

开学不久，年级组要任命一名英语备课组组长，我提议让王老师担任。因为对新调入的几名英语教师我们还不了解，他们对我校的新课改精神也不了解，所以王老师是唯一人选。

我对王老师的最大期望是不要让同事失望，不要被权威否定。

……

之后的一段时间，我发现有一个班级经常有组织地在广场上背书，我偶尔看见王老师在学生中间转悠。原来这是王老师的班级。

在期中检测后，我特意查看了王老师班的英语成绩，还不错，我悬着的一颗心终于放下了。

过了一段时间，王老师因故请假一周。我安排其他教师代他的课，结果代课的老师被学生“晾”了起来。原来，王老师所带班级有一名学生叫龚载仁，英语成绩总是年级第一名，王老师请假后，他主动申请给全班同学教英语。代课的教师观察了两节课，发现这名同学的课上得有模有样，而且学生都愿意跟他学英语。

我还安排了一名临时班主任许老师。过了几天，我问许老师的工作怎样时，她说：“没事干！什么事学生都知道怎么做。”

还有教师告诉我，龚同学给同学辅导英语积极性特别高。又说，只要有人批评王老师，（9）班的同学就会强烈反对。

我开始欣赏王老师了。

记得在昆山前景教育集团参加培训时，作为学科组长的王老师，参与意识强，组织活动有序，发言也很有哲理。印象最深的一句话是“教师要有气场，要把学生吸引到这个场中”。

期末检测，王老师所带的（9）班英语平均成绩年级第一，这在全年级引起了不小的震动。

我建议王老师把自己的做法写出来，以供其他老师学习、借鉴。

过了好长时间，他给我交了“作业”《培养学生的十二个好习惯》。我提出了修改意见，并让他放假前在课改论坛上展示。

2012 年 11 月，学校管理人员进行了新的调整，校长让新上任的管理者走进教室，观察班级，熟悉情况。一周后，新任政教主任武志昌向校长汇报：“我发现初二（7）班、（9）班（王老师所带班）学生的自律意识最强，自主管理做得最好。”

我很高兴，乘机向大家推介了王老师和他的做法。王老师也在年级组的研讨活动中解读了自己的做法，使其他教师受益匪浅。

王老师的转变给了我很多启示：每位教师都蕴藏着巨大的潜能，关键看管理者能否挖掘出来。如果每位教师的进步都如此迅速，何愁我们的新课改不成，事业不兴。

培养学生的十二个好习惯

王绍明

一、培养学生在任何学习状态下拿笔、准备草纸的习惯

人人都有惰性，尤其是在学习的时候。由于没有纸和笔的准备，学生便懒得写一写、画一画。遇见想写、应写的东西，没有纸和笔，就不去写了。于是出现了大量的只用眼睛识记的学生。俗话说，眼过千遍不如手过一遍。尤其是英语这个需要多读、多写的学科，学生只有准备好了动手的条件，才可以及时、迅速地记下知识点，才不会放过积累知识的机会。假如学生是战士，笔和纸就是枪和盾。无论学生在学什么，上什么课，只要处于学习状态，这两种学习用具的准备是必须要有的。还要注意的一点就是坚决制止学生玩笔，不能让笔在学生手里变成玩具，不能让笔分散学生

的注意力。培养这个习惯用半学期的时间绰绰有余，有些学生一两周就能养成准备纸笔的好习惯。

二、培养学生用双色笔记笔记的习惯

用双色笔记笔记是学习的一条有效途径。用双色笔记笔记能凸显重难点，反映学生对知识的理解程度，便于复习使用。对于培养学生的这一习惯，刚开始我们不必要求太高，学生只要用双色笔来记笔记就可以了。我们可以简单地告诉学生，要用醒目颜色如红笔记标题、概念以及自己不懂的地方等。如果自己能找到重点，红笔还可记重点、易错点、总结等。当然有不少学生会记不起用双色笔记笔记的要求，这时候就要发挥教师的表率作用了。教师用双色笔书写，一来可以引导学生认识重难点，二来可以提醒学生用双色笔记笔记。所以在这一点上，教师必须首先养成记双色笔记的习惯。为了保证学生能坚持下去，我们可以随时抽查笔记，并加以指导和督促。

三、培养学生明确学习目的的习惯

一天的学习结束了，有些学生连自己学了什么都不知道，更别提重难点是什么了。有些学生是小和尚念经——有口无心，看见老师来了就装作认真学习，其实自己都不知道自己在干什么。造成这种现象的原因很多，贪玩只是一方面，主要还是因为学生不清楚学习目标，缺乏学习技巧，做事理不清头绪。学习时间一到，学生不管三七二十一，拿出课本就读、就看，具体要干什么、本节课的重点内容是什么等从来都没计划过。对于这种做法，我们需要简明扼要地强调学习的内容和目标。要让学生明确学习内容和目标，了解知识框架，记住主要内容，就要培养学生勤做总结的习惯。无论是上课，还是上自习，我们要经常问问学生，今天的学习任务是什么；一天的学习结束了，晚自习的时候，多问问学生今天都学了什么。可以全班性发问，也可以单个发问。这种习惯的培养是一种被动的培养，时间长了学生就会担心你问到他，就会自主在学习前或学习中进行概括。

初步的概括习惯养成之后，我们就可以深入培养学生明确具体学习内容的习惯了。例如，英语自习时，我问一个学生这节课打算干什么，学生说写单词，我会接着问写哪些单词，学生就会按照类别用汉语说出他将要写的单词。这会迫使学生进行自我总结、完善学习技巧、明确学习目的。久而久之，学生拿起书本的时候就会首先思考要干什么。

四、培养学生明确学习任务的习惯

明确学习任务并不难，教师一般对此都会有清晰的要求。但这种要求常让学生感到束缚，产生被迫感，降低学习自主性，也不符合差别化要求的教学理念。教师与其每天都不厌其烦地强调学习任务，不如让学生自己明确合适的学习任务而去积极完成。刚开始我也担心，学生给自己定的任务合不合理？学生会不会按时保质保量完成？思索再三，我对自己所教的英语给出了最低限度的要求——必须在预习时写会当天课时的加粗的单词，背会预习指导时给出的重点句型。每天的任务完成情况由组长检查，由我抽查。至于任务的合理性，我也会亲自过问，并且规定学生自己给自己确定的任务必须具有挑战性。由于英语每个单元编排的模式都一样，时间久了学生对自己要完成哪些任务都很熟悉了，所需要的就是组长和我的督促检查。

五、培养学生不怕慢，多重复的习惯

在做练习的时候，我们会发现大多学生只重数量不重质量。这导致学生不求甚解，知识掌握得不牢固，容易忘记，疏忽了对问题的深挖和扩展。为了让学生把知识理解透，掌握牢固并能熟练运用，在处理练习题尤其是练习册的时候，不要求学生全部做，可以只选择练习册上的基础训练部分。每次做题都选定一部分内容，将这部分内容弄懂、记住。如果学生觉得还未掌握，可以在下次学习时重复此内容。这样一来就使学生养成了不怕慢，多重复的习惯。

六、培养学生做作业一定要养成最终会做的习惯

抄袭作业的现象几乎存在于各个年级、各个学校。这是教师最头疼的一件事。要想杜绝抄作业的现象，恐怕只能用李白那句“难于上青天”来形容了。我们曾经也是学生，也抄袭过作业，我们那时候为什么抄作业呢？因为会做的不愿意做，觉得浪费时间，不会做的只能抄。教师辛辛苦苦批阅，作业本发下去后学生都懒得翻一翻，不会的依然不会。没办法，教师只能批评学生，负责一点的教师便再给学生讲解一遍题目，但效率怎么也

无法提高。既然是大家都头疼的问题，难免会经常谈论，一来二去，我也从同事那里获得了一些经验。经过长时间的尝试和思考，趁着新课改的春风，我找到了一些杜绝抄作业的方法。我们可以给学生布置差别化的作业，可以少布置作业甚至不布置作业，也可以让学生给自己布置作业。至于不布置作业，实际上是被前面提到的明确学习任务代替了。如果布置了书面作业，应要求学生做到做了就必须理解。

七、培养学生具备动手、动口、动脑的习惯

要保证学习效果和效率，我们还要想方设法让学生全面动起来。尤其是英语，不仅要动口、动手，还要动脑，我把这称为“三动”。当然这还不够全面，但只要做到这三方面，学生成绩也会提高不少。怎么知道学生在学习的过程中是否做到“三动”了呢？让他读一读，不会读肯定没动口；让他写一写，不会写的单词比较多肯定没有好好动手；问他怎么理解这些知识，有没有自己的方法，说不清的肯定没有好好动脑。多观察、多提醒，学生的“三动”习惯肯定会养成。

八、培养学生无论采取何种学习方式都要以自学为主的习惯

学习是终生进行的一件事，个人的学习能力会在一次次的学习中不断加强。新课改把对学生能力的培养放在了重要位置，同时也强调培养学生的合作探究能力，于是不可避免地增加了不同的合作学习方式，以利于培养学生的合作探究能力和学习能力。想来这是一种很好的方式，但在实际操作中却暴露出一些问题。那就是群体性学习时出现了“依赖者”“思想被剥夺者”和“十万个为什么者”。“依赖者”表现为思想懈怠，行动迟钝，学习过程中无所事事，悠然地等待别人的成果；“思想被剥夺者”表现为人云亦云，不愿意提出异议，怕人笑话，不自信；“十万个为什么者”表现为时时都在问问题，懒于思考，严重干扰别人。这三者的共同点就是不会自主学习、不注重个人能力的习得。抓住了共同点，我们就可以寻找办法解决这些问题了。只有强调自学、提高个人的学习能力，才能展开其他学习方式。所以我们不妨先培养学生的自学习惯，在学习前先让学生自学，让每个学生都有自己的思想、自己的观点。这样他们便可以去和其他人进行更加深入的交流和探讨了。在思想的对比、碰撞中，学生便会得到更多的

知识和能力。如果在合作学习时发现置身事外或者不断发问的学生，教师一定要问明白原因，然后引导他们独立思考，养成独立解决问题的习惯。

九、培养学生没有教师在场时，学习纪律要好于教师在场的习惯

纪律是学习氛围的保障，在好的学习氛围下，不爱学习的学生也会不由自主地去学习。为了维持纪律，教师对学生可谓是方法用尽，甚至被迫养成了当“侦察兵”的习惯。靠班干部和奖惩条例来管理虽然也能起到一定作用，但效果不是很好，因为学生永远是处于被管理者的地位。所以如何让每个学生都能做好自我管理才是长远的解决方法。要让学生成为自己的管理者，把教师从维持纪律中解放出来，让学生改变教师在场就学习、不在就捣乱的状态，就必须培养学生的自主管理意识。培养学生的自主管理意识可以从以下几个方面进行引导。首先，教师要允许学生不遵守纪律，不能因为学生违反纪律就随便批评、惩罚，只需要用一个眼神或一句提醒的话让他知道他违反纪律了就可以。这样做是欲擒故纵，学生肯定会因为后果不严重而心存侥幸，再次犯错误只是时间问题。这时教师就要重点观察这位学生，第二次犯同样的错误时再给他一次机会，不必批评。等到第三次或者第四次再犯的时候，就要当着全班同学的面狠狠地批评他，让所有学生明白你能容忍犯错，但无法容忍重复犯错。而此时学生也知道自己过分，在心理上比较容易接受教师的批评，也最容易改正。长此以往，学生就会把犯错的机会控制在三次以内。其次，教师在的时候对犯错的学生要尽量容忍，提醒一下足矣。教师不在，需要学生自我管理的时候，如果事后教师发现有学生违反纪律，则要警告或者严厉批评。这样做是为了让学生明白你不能容忍背后捣乱，引导学生在没有教师的情况下更加遵守纪律。最后，狠抓共性的违反纪律现象，容忍个别单独的违反纪律现象。学生犯同一个错会让他们产生无所谓的心态，这样既带坏了班级风气，又不好处理，所以要狠抓共性的违反纪律现象。在处理上要让学生明确，单独犯错的惩罚轻于群体犯错，这样学生就不会轻易去跟着别人犯错，从而避免了整体性犯错的现象。这样，学生在自我管理方面就会有所提升，即使教师不在，纪律也会有基本的保障。

十、培养学生想办法在学习中融入活动，追寻快乐的习惯

要想让学习不累就要增加活动，让学习不烦就要融入快乐。很多学生听见上课铃声就犯愁，一上课就打盹。可从小学到大学，我们几乎没有见过上体育课打盹的学生，没有见过上美术课犯愁的学生。这给了我们一些启示：我们的课堂缺少活动，知识的学习缺少快乐。学生永远是学习的主体、学习的主人，只有自己想活动、想学习了，学习才会变得积极、轻松。说起来容易，做起来难，因为学生的水平、经验和学习方法的限制，要在学习中添加活动、融入快乐还离不开教师的引导和指导。教师要指导学生怎样把活动添加到知识的学习中。比如，他们在学习单词时可以同学间换读，练习句型时两人英汉互译，背诵课文时一人一句等，融快乐于学习。教师也可以在平时授课时给学生做示范，如单词学习，我们可以从发音、词形、翻译、使用等方面做示范，从听觉、视觉、思维、感受等方面帮助学生找到快乐。比如 eye（眼睛），看起来就是两只眼中间放个鼻子；onion（洋葱），就是在两个 on 中间加了个 i 而已，太好记了；tooth（牙齿），复数为 teeth，差别有单复数，还有字母 o 和 e，可以把字母 e 看做把 o 分成两个了，所以有字母 e 的就是复数；pancake（烙饼），用方言可以翻译成烙馍或者锅盔，拆开来 pan 就是平底锅，cake 就是蛋糕等。只要教师引导得当，举的例子多，学生肯定能受到影响并进行模仿，从而形成一种学习习惯，快乐便慢慢融入学习了。

十一、培养学生做标记或做记录的习惯

知识是一个积累的过程，每一次学习都会掌握一些知识，当然也会遇到不少问题。如果对这些不懂的问题没有标记，处理不及时，肯定会影响学习的效率，因为问题是慢慢积累的。比如，有些学生写单词，早自习写，中午回家写，晚自习依然在写。问他记住了几个，不知道；问他哪几个不会写，也不知道。他是怎样写的呢？打开单词表，从头到尾挨个写，一遍遍都是这样。不必问学生，我们也知道他只会写前边几个单词，而且一旦打乱顺序就不会写了。对于这样的学生我们要格外关注，他们是不懂学习方法的学生。教会他们归类，随时标记不会的知识点，这样他们就会做到心中有数，有的放矢，从而不再盲目地、机械地重复了。这样就会有大量

时间去“对付”勾画出来的不会的知识点，效率自然会提高。很多同学不注意勾画不懂的知识，结果只是知道自己好多知识都不会，至于哪些不会就不知道了，复习时只能在大量的知识里苦苦寻找，做无用功。所以不管学什么内容，学生只要养成随时收集不懂知识的习惯，学习就会有很大的提高。

十二、培养学生自觉输入信息的习惯（主要为视觉输入和听觉输入）

由于分组后的座位排列，一些学生便少了用眼睛捕捉信息的机会，这就要求他们要多用耳。英语学习是语言的学习，听就显得更为迫切。在捕捉信息方面，必须眼耳同用。大多数学生在用耳方面比较弱，我们可以强调他们多听，可以减少可视的信息量，使他们养成倾听的好习惯。尤其在英语教学中，我们可以做专门的听力训练，多做一些诸如对话练习方面的听说训练。

我是如何激发学生学习激情的

2012年11月12日，星期一。按照学校规定，下午最后一节课是班会课。课前我正在政教处商谈工作，初三（2）班班主任寇振甲老师找到我，请我给他们班第二次月考进步的学生颁奖，然后简要地向我介绍了他们班的班情。

我想，在学生眼里，我作为学校管理人员是高高在上的，如果我走进教室，给学生颁奖，学生一定会觉得学校对他们特别关注，会因此受到鼓励，于是欣然答应了。

我处理完手头的工作，一边向初三（2）班教室走，一边琢磨如何激发学生的学习劲头。班会的时间到了，我走进教室，同学们诧异地看着我。寇老师说明我的来意，教室里响起了阵阵掌声。当我念到进步学生的名字，并把奖品放到他们手中时，学生很激动。

颁奖后，我请获奖人数最多的小组的组长谈谈他们组进步学生最多的原因，也请一名进步学生介绍了经验。最后我把他们班在全年级的位置做了对比、分析，并把学生毕业后的局面做了分析。

大家现在坐在同一间教室，接受同样的教育，但是大家想过没有，明年中考后，你们都在哪儿？我想不外乎这几种情况：考入环县一中、环县二中、环县四中、环县五中，考入职中或者回家过父辈的生活。考入环县一中可以享受全县最优质的教育资源，将为你今后的发展奠定良好的基础；考入其他高中虽说比环县一中差一点，但还有继续上学的机会；回家过父辈的生活大家都明白，我不做过多的解释。现在你们想一下，你要选择哪条路，凭你的实力你能选择哪条路？（学生睁大了眼睛期待着我继续讲下去）

环县一中每年的录取率大概是18%，其他高中录取率大概是56%，如果你进不了这18%，或者56%，其他同学就会抢占先机，为什么要将学习的机会拱手让给他人呢？大家愿不愿意把本属于自己的学习机会让给他人？

……

第二次月考我们班有这么多的同学取得了进步，大家想一想，如果每个同学每次月考总分能提高30分，距离中考还有六次月考，每人就会提高180分。能不能实现？（学生默不作声）我们把这30分除以5（中考考5科），大家看看是多少？大家再想想，一个月，一门功课能不能提高6分？（学生有了兴趣，齐声喊道："能！"）

每个同学在你第二次月考的成绩上加上180分，算算看是多少？环县一中2012年重点班录取线是535分，普通班录取线是463分，其他高中最低录取线是367分，对比一下，你能考上高中吗？（学生都忙着计算）

之后，我又给学生介绍了几种科学的学习方法及合理安排时间的方法。学生听得都很认真。

从初三（2）班出来时，教室里依然响着学生热烈的掌声。我离开教学楼，边走边想：我们的学生太需要这样的思想动员了。作为教师，我们应该给学生以信心，解除学生思想上的包袱，让学生明白学习的意义。道理明白了，学生就会全身心地投入到学习中来，学习成绩也一定会有很大提高。

我又回忆了两个月来各班学生的学习状态和行为习惯，大部分学生的学习意识差，不主动探究知识，得过且过混日子，我想主要是认识不到位、不自信的缘故。所以任课教师首先要与学生沟通，做好学生的思想工作。如果教师能够说服学生，让学生认同你的观点，他们肯定会听从你的安排与指导。由此，我认识到，我们一定要采取措施，转变学生的思想，激发学生学习的自信和激情。

相信自己是最棒的

——“认清自我，着眼未来”学生动员会

给寇老师班颁奖的当晚，我辗转反侧，彻夜难眠。初三（2）班学生的迷茫眼神、兴奋状态及经久不息的掌声在我脑海反复出现，尤其是当我解开学生心结时他们眼里流露出的那种感激和跃跃欲试的激情让我难以平静。

我想，只有把学生的学习激情和内在竞争力激活，学生学习才有动力。

于是第二天，我与年级主任谈了自己的想法，决定以第二次月考成绩为抓手，与全体学生进行沟通，增加学生的自信心，教给学生科学的学习方法。我要求年级主任尽快统计各班的进步学生，然后召开全体学生学情分析会。还要求各班班主任要引导学生为今后的学习拟好誓词，在大会上宣誓。

2012 年 11 月 14 日下午一点半，太阳懒洋洋地照着大地，使这个冬日有了些许的温暖。初三年级第二次月考学情分析会在教学楼前的小广场举行，会议由年级主任主持。议程很简单，为进步学生颁奖后，我做了题为“认清自我，着眼未来，科学学习，梦想成真”的动员讲话，着力帮助学生树立信心。现分享如下。

老师们、同学们，大家下午好！

今天下午我们在这里召开第二次月考学情分析会，我喜忧参半。喜的是经过一个月的努力，有 80 多名同学取得了较大进步，总成绩在 480 分以上的同学由原来的 57 人，增加到 79 人，这说明只要努力就一定会有收获。

忧的是还有一大部分同学学习状态不佳。经过调查，我了解到这些同学还没有意识到我们面临的巨大挑战：在明年的六月份，我们将参加中考，由此可能会决定我们的人生，是上高中，还是回家！我想，全县的初三学生都想上环县一中，但是你知道2012年环县一中的录取线是多少吗？环县一中的普通班录取线是463分。你们估算一下，自己还有多大差距。其他三所高中的录取成绩也在400分左右，你们再估算一下自己的实力，计算一下自己的差距。环县一中高中部的录取率约是18%，其他高中的录取率约是56%，大家可以思考、估算一下自己考上高中的概率。

根据同学们的现状，我对大家今后的学习提出几点建议，供大家参考。

首先，要有明确的奋斗目标。俄国文学家列夫·托尔斯泰说过，人活着要有生活目标：一辈子的目标，一段时期的目标，一个阶段的目标，一年的目标，一个月的目标，一天的目标。目标就是理想，就是你奋斗的动力。对于同学们来说，不论你的人生理想多么豪迈，是当科学家、政治家还是工程师，但你们目前面临的最迫切的任务是考上理想的高中。上理想的高中，就是你们当前的奋斗目标。大家应该估算一下自己的实力，明白自己的差距，制订奋斗的目标，然后积极努力，做到天天都有收获，这样才能实现你们的最终目标。对于你们来说，当天的学习任务就是小目标，考上理想的高中是大目标，必须完成当天的小目标，才能实现大目标。但是我知道有一部分同学没有完成当天的小目标，致使“欠账”太多，实现大目标的难度增加。好在我们还有八个月的时间，只要我们抓住这八个月，一定会有奇迹发生。

其次，要有科学的学习方法。学习有窍门，好的方法能事半功倍，不好的方法则事倍功半。我觉得大多数同学没有掌握科学的学习方法，对于自己学过的内容没有一个理性的分析，不知道哪些内容完全掌握了，哪些内容没有掌握。很多同学每天都在背书，到底自己记忆了多少，自己心里没数，反正每天都在背。效果不明显，反倒抱怨自己笨。这里我给大家讲一个小故事，或许对大家有所启示。

我小时候一天放学回家，看见妈妈正在碾辣椒。妈妈把辣椒放在碾槽里用碾子挤压一会儿后，在地面上铺上几张报纸，然后把辣椒倒入筛子里筛，细碎的辣椒末就与辣椒片分离出来，撒在了筛子下面的报纸上。妈妈再把辣椒片倒入碾槽继续挤压。过了一会儿，将被挤压的辣椒又倒入筛子筛……如此不断反复，辣椒末越来越多，辣椒片越来越少，最终辣椒全部化成了辣椒末。

我深受启发。把会的与不会的分离出来，经过不断的努力，会的知识越来越多，不会的知识越来越少。经过多次尝试，我认为这种方法非常有效，同学们不妨试一试。另外，大家习惯于背，而不习惯于写。俗话说“眼过千遍不如手过一遍”，这句话很有道理。

考试的时候，所学的知识都是要默写出来的。在这次月考中，语文试卷中有很多古诗文默写，从卷面上看，大家都背下来了，但写得不好，错别字很多，这样就容易丢分。如果能默写准确，岂不更好？所以，大家错误地认为能背过肯定能写上，殊不知，大家写字的账欠得太多了。

默写也是最佳的记忆方法，通过默写可以过滤出哪些知识你真正掌握了，哪些知识你还没有完全掌握。默写看上去好像有点浪费时间，但能解决问题，掌握知识，反倒比整天背节省时间、效果好。

再次，要有顽强的拼搏精神。任何目标的实现，都要付出艰辛的努力，而且要持之以恒。在这个过程中要忍受寂寞、忍受痛苦，古人有很多经典的苦学事例，如“凿壁偷光”“卧薪尝胆”“头悬梁，锥刺股”等。今天我就把“锥刺股”的故事给大家分享一下。

战国时，有一个叫苏秦的人，只跟随老师学习了一年，就自认为已经把老师的本领都学到了，便迫不及待告别老师和同学，去闯荡天下。但一年后他不仅一无所获，连钱也花完了，只能踏上了回家之路。

回家后，家人对他很冷淡，瞧不起他。苏秦十分伤心。于是关起房门，决心要发奋读书。

苏秦每天读书到深夜，有时候不知不觉伏在书案上就睡着了。第二天醒来，他后悔不已，但又没有什么办法不让自己睡着。有一天，他实在太困了，不由自主地扑倒在书案上，但他猛然惊醒——手臂被什么东西刺了一下。一看是书案上放着的一把锥子刺到了他，他马上想出了制止自己打瞌睡的办法：锥刺股（大腿）！此后一打瞌睡，他就用锥子刺一下自己的大腿，让自己感到疼痛，使自己不再瞌睡，继续读书。

三年后，苏秦已经很有学问了。他又出去闯荡天下，这一次他终于事业有成，游说齐、楚、燕、韩、赵、魏六国国君，使他们联合起来抗秦，使强大的秦国十五年不敢用兵，这就是历史上有名的“合纵”之术。苏秦因此成为当时很有影响力的人物。

最后，要有必胜的信念。苏秦除了有顽强的意志力外，还有强大的人生信念。“自信是成功的基石”，我们要相信自己，相信通过努力能够实现自己的理想。苏秦如此，世界上很多发明家、科学家也是如此。美国的莱特兄弟经过上千次的实验，终于使自制的飞机飞上了蓝天；波兰伟大的科学家玛丽·居里和她的丈夫皮埃尔·居里经过无数次的尝试终于发现了一种新的放射性元素——镭；我国当代杰出的农业科学家袁隆平，不畏艰辛、执着追求，所取得的科研成果使我国杂交水稻研究领先于世界水平，为世界粮食安全做出了杰出贡献，被誉为“杂交水稻之父”……不论做什么事，都要自信。同学们，你们要相信自己，相信自己是最棒的。

人生能有几回搏，此时不搏，更待何时！最后，送给同学们一句话：今天的学习质量就是明天的生活质量。

随后，学生以班为单位表决心。学生的誓词响彻校园、震聋发聩。从学生的铮铮誓言中我听到了希望，仿佛看到了大家的进步。

让信念在学生心中扎根

——中考100天倒计时誓师大会

3月6日，距离中考还有100天，这是一个特殊的日子，全国各地的学校都借助这个日子鼓舞士气。我也借机召开了中考100天倒计时誓师大会。为了这次誓师大会，我做了精心策划，并要求各班拟好誓词、选好学生代表及教师代表做鼓动发言。

誓师大会上表彰、奖励了上学期进步较大的80名学生，年级主任对未来100天的教学做了安排，学生代表、教师代表做了表态发言，全体初三学生在国旗下宣誓，为中考加油。

向人生的高空飞翔

学生代表　吕彦雄

三年前，我怀着对未来的美好憧憬，载着家人的殷切期盼，迈进了环县五中的校园。三年的时间弹指一挥，不知不觉，离中考仅剩三个月了，无声无息间，“龙门”仅剩百尺之遥。今天我们相聚在这里，请容许我先讲一个故事吧！相信聪明的你们一定会有所收获。

有一块石头，在深山里寂寞地躺了很久，然而它有一个梦想：有一天能像鸟儿一样飞向天空。当它把梦想告诉同伴时，立刻招来同伴的嘲笑：“瞧瞧，瞧瞧，什么叫心比天高，这就是啊！真是异想天开。”

这块石头不理会同伴的闲言碎语，仍怀着理想，等待时机。

有一天，一个叫庄子的人路过这里。石头知道这个人有非凡的智慧，于是，就把自己的理想告诉了庄子。庄子说："我可以帮助你实现理想，但你必须先长成一座大山，这可是要吃不少苦的呀！"石头说："我不怕吃苦。"于是石头拼命吸收天地灵气、自然精华，承接雨露光泽，拼命生长。不知过了多少年，受了多少风雨的洗礼，它终于长成了一座大山。于是庄子招来大鹏，以翅膀击山。一时间，天摇地动，一声惊天动地的巨响后，山炸开了，无数石头飞向天空，在飞的那一刹那，石头会心地笑了。它终于体会到了飞翔的快乐。但是不久，它便从空中摔了下来，成为当初的模样，落在原来的地方。庄子问他："你后悔吗？""不，我不后悔。我长成过一座大山，而且我飞翔过。"石头骄傲地说。

为什么我们不能像那块石头一样拥有飞翔之志？一个人要想实现他的目标，就必须付出辛劳和汗水，即便是经过全力打拼却没能实现目标，但至少比目标定得低的人走得远，实现得多。

乱云飞渡，战士信念未移；驰骋疆场，方显英雄本色。冲锋的号角在耳边响彻，波澜壮阔的画卷尽情铺展，鲜红的终点在前方真真切切。成功从来没有如此贴近我们年轻的生命，志存高远吧！壮志凌云吧！99 天后，我们可以大声地喊出："我不后悔，即便是我没有实现目标。因为我努力过，我拼搏过，我也快乐过，我从来没有放弃过！"同学们，只要我们努力，没有硝烟的战场上定会奏响属于我们的凯歌，就让我们携手并肩，向着心中的目标冲刺吧！我们定会像那块石头一样实现我们的目标。

冲刺中考，你准备好了吗

教师代表　王宝虎

各位领导、老师、同学们，大家下午好！

今天是 3 月 7 号，距离中考只剩下 99 天了。本来昨天下午要开中考 100 天倒计时启动大会，但是沙尘暴阻挠了我们。99 天，远吗？99 等于 11 乘 9，现在大家跟我倒数 11 个数字，11，10，9，8，7，6，5，4，3，2，1，紧张了吧？是的，确实不远了，我现在给大家算一笔账，每天去掉 8 个小时的睡觉时间，2 个小时的吃饭时间，1 个小时的走路时间，1 个小时的活动时间，剩下多少时间？50 天。再去掉节假日的 20 天，剩多少长时间了？30天。紧张了吧？所以我要提醒同学们，该冲刺了，该拼命了，因为中考就在眼前。

现在说说过去的事情，每年中考结束我都会听到一些谎言：我平时学习很好，但这次考题太偏了、太难了、太怪了、太活了；我平时还可以，但考试前一天晚上睡不着，考场上睡着了；我平时还可以，这次没发挥好。真是太偏、太难、太怪、太活了吗？真是昏堂了吗？真是没发挥好吗？（5）班的张晓霞会说这样的话吗？（7）班的韩泽凡会说这样的话吗？（3）班的王欣怡会说这样的话吗？不会，他们都不会，因为他们用勤奋积淀的知识足以考上我们环县最好的高中。而这些谎话都是那些懒惰的落榜生欺骗亲人的借口、自欺欺人的理由。难道今年你们还想用这样的谎话来欺骗你们的父母吗？

每次公布中考成绩时，我们这些一线的任课老师都会有一些遗憾：唉，这个学生应该考上环县一中重点班但差了2分，那个学生也应该考上环县一中的呀，我们学校的成绩应该还会高一点。或许我们今年还会重复这样的话，但是你甘心让为你操了三年心、受了三年累、吃了三年苦的老师心里留下遗憾吗？你甘心让自己留下遗憾吗？

每年都会看到一些凄苦的面孔，那就是成百上千落榜生父母的面孔。你们每天多学十分钟，每天多记一个单词，每天多写一个汉字，他们可能就不必这样了，难道你们想让父母这样失落吗？

为了让你们的老师不留下遗憾，为了让你们的父母不再失望，为了你们的命运与前途，现在行动起来还不迟。端正你们的态度、改进你们的方法、拿出你们的勤奋、付出你们的汗水。你们一定会让老师笑逐颜开的，你一定会让父母扬眉吐气的，你们一定会金榜题名的。

有的同学可能会说，现在努力已经来不及了。不要这么悲观、失望，因为我们还有99天，不必头悬梁，锥刺股，不必起半夜睡鸡叫，只需要从现在开始认真查漏补缺。我每次讲考卷时，你们说得最多的一个字是什么？是“噢”。考得越低“噢”就越多，只要你们从现在开始把每门课程的“噢”减少两个，每门课程就会提高10～20分，五门呢？对，100分。把你们现在的成绩加上100分，你们可能都考上高中了。

既然我是代表我们初三级的任课教师发言，那我们就当着各位领导和同学的面表个态：在剩下的 99 天里，每个学科以教研组为单位，群策群力，研究中考动向；以个人为单位，积极跟班辅导，力争使学生都取得最好的成绩。最后祝愿每个同学今年 6 月都能摊上大好事，那就是一张高中的录取通知书。

你能摊上这样的大好事吗？

学生代表、教师代表的发言极富激情和感召力，具有很强的鼓动性，使全体学生感受到时间的紧迫，认识到在初中学习、生活的日子已经不多，如果不努力就没有机会了。

制订月考奖励办法，激发学生持久的学习动力

肯定学生的成绩，对进步大的学生给予物质和精神方面的奖励，使其体验到学习带来的快乐，体验到奋斗换来的成就感，从而激发他们的学习激情。对于第二届初三学生，我想采取多层次的激励办法，点燃他们的学习激情。

在第一次月考后，我起草了一份月考奖励办法，并让年级主任补充完善。年级主任经验丰富，有一套自己的方法。他看了我的方案，按照自己的想法做了一些修改，最后形成初三月考奖励办法。

一、班级奖

1. 班级的平均成绩提高三个名次或提高30分则评为班级进步奖，给班级颁发奖状，并给班主任发奖品。

2. 月考连续保持在前两名的班级，颁发奖状，给班主任发奖品（连续次数越多奖品越好）。

二、小组奖

1. 小组平均成绩提高30分则评为优秀小组，颁发奖状，并给每个组员发奖品。

2. 小组平均成绩高于全年级第一名班级平均成绩30分则评为优秀小组，颁发奖状，并给每个组员发奖品。

三、个人进步奖

1. 平均成绩在班级前进10个名次者予以奖励。

2. 班级前十名学生在年级组前进20个名次者予以奖励。

3. 班级前五名学生在年级组前进5个名次或总分提高20分者予以奖励。

4. 对于每次月考进步特别大的学生，年级组上报教务处，学校给予奖励。

注：以上获奖班级及人员，年级组在每次月考结束后张榜公布。

我建议年级主任把这个月考奖励办法上传至年级组的QQ群，让教师学习，再打印下发给各班，让各班学习，在第二次月考后则按此办法进行奖励。

与此同时，我还为各班设计了一个月考激励表。

月考激励表

组名	第一次月考	第二次月考				第三次月考				第四次月考			
	小组平均成绩	奋斗目标	班级平均成绩	小组平均成绩	完成情况	奋斗目标	班级平均成绩	小组平均成绩	完成情况	奋斗目标	班级平均成绩	小组平均成绩	完成情况

说明：在下一次月考中小组平均成绩与上次月考平均成绩相比进步20分以上者年级组奖励全组同学。

第二次月考成绩揭晓后，各班按照年级组的奖励办法将获奖情况报到年级主任处。通过各班的获奖情况可以看出，凡是下了功夫的班级，成绩都有较大提高。我立即筹备第二次月考奖励大会，议程分宣布奖励名单、颁奖、获奖班级代表介绍经验、获奖小组代表介绍经验、进步学生代表介绍经验，最后由我点燃学生的学习激情。

最后我与班主任、备课组组长等组织召开了这次意义非凡的月考奖励大会。

会议由语文备课组组长王丽娜老师主持，数学备课组组长高武月老师宣读了奖励决定。进步班级初三（10）班学生代表沈香同学介绍了他们班自第一次月考以来的一些做法，她说：

第一次月考后，我们努力拼搏，在老师的带领下，不断奋进，迎接第二次月考。我们在教室里创建图书角，种植花草，让教室变得整洁、美丽，营造了一个良好的学习环境。在课堂上，我们认真思考，积极探索新知，尽情释放青春的光辉。在自习课上，我们独立自主，积极奋进，努力把握分分秒秒。我们还制订了班规、班训、月考计划，并多次开展了主题班会。经过一个月的努力，我们班终于迎头赶上，成为一个团结协作、积极向上、充满活力的班集体。

进步小组代表初三（3）班郭浩伟同学在发言中说：

我今天站在这里，只因一个荣誉，这是属于我们（3）班“流星雨”小组全体成员的荣耀。

进步30分，这不是一朝一夕的功夫，我们为此付出了汗水与辛劳。在这收获的时刻，我们心中的喜悦是别人无法理解、无法揣摩的。

有人说，想每次月考都进步太难了，我们说：“我们会努力做到。”每一次我们进步都是值得骄傲和自豪的，我们都是吃了新课改的甜美果实才会有今天的成绩。

我想说，我们取得的成绩不是侥幸，更不是昙花一现，我们会坚决守护我们的成果。我向所有同学号召，让我们一起携手，共同进步吧！

进步学生代表初三（8）班缪浪浪同学的发言更精彩：

尊敬的老师、亲爱的同学们，大家下午好！

很荣幸能够代表本次月考进步学生发言，我这次考试比上次提高了85分，年级名次进步了117名，我很高兴。感谢各位老师，无论在精神上还是学习上你们都给了我很大的鼓励和帮助，谢谢你们的教导；感谢在学习上给了我动力和帮助的我的搭档，我的小组；感谢父母的关怀和期望。但最重要的是，通过这次进步我验证了一个道理：只要肯努力，就会有进步；

只要肯付出，总会有回报；只要有信心，我们学困生的春天就会来到！

第一次月考结束后，我的成绩很不理想，总分才333分，排在年级第348名。对此，我压力很大，毕竟这是进入初三的第一次考试，我几乎要失去信心了。痛定思痛，最终我静下心来总结了自己成绩不好的原因：平时总是漫不经心，盲目自信；在课堂上总感觉自己什么都听懂了，什么都会了，课后从不总结、复习，也很少提前预习。当第一次月考结束后，我才知道大家都在努力，而我却退步了。我必须振作起来，为自己的未来负责，为家人负责。一个成功的人一定要经得起嘲笑、受得起批评、顶得住压力、扛得起责任，我必须奋斗。

于是，我开始努力学习，坚持课前预习，认真研究课后练习，独立完成作业。对于老师布置的任务，我努力、积极地完成，对于不懂的知识点，我积极向老师和同学求教。对于我的薄弱学科——英语，我买初中英语学习手册，专攻英语词汇。在第二次月考中我的英语成绩提高了24分，物理、化学成绩平均提高了20多分，辛勤终于取得了回报。

世上无难事，只怕有心人。困难和失败引起的挫折感会使人丧失自尊心和自信心，背上沉重的思想包袱，产生严重的心理疲劳，但我想这是弱者才会有的表现，这无济于问题的解决。困难和挫折只是暂时的，它会唤起强者心中奋起的信念。我们不能因为成绩一时的不理想而气馁，学习如逆水行舟，不进则退，只有不断努力，不骄不躁，正确对待自己的缺点和不足，看淡一时的得失，坚定自己的信念，踏踏实实地走下去才能取得优异的成绩。

最后，我要告诉像我一样的同学，要相信自己，只要肯努力，成功一定会属于你们！谢谢大家！

接下来我从第二次月考说起，分析了目前大学生的就业现状和未来大学生的就业状况，鼓励学生要不断进步，向更高、更远的目标迈进，为将来的就业打好基础。然后，介绍了几种科学的学习方法。

我还要求各班制订月考奖励办法，作为对年级组月考奖励的补充。我提议，班级奖励办法由学生自己制订，各班要在充分讨论的基础上制订出适合本班班情的奖励措施。

各班班主任把本班的月考奖励措施反馈给我，我一一审阅后发现每个班都有自己的特色，每个班主任都有自己的绝招，这些措施很有意思，也对我今后的工作很有启发，择其部分与大家分享。

初三（1）班月考奖励办法

为了增加学生的学习动力，激发学生的学习兴趣，使学生的成绩不断提高，初三（1）班全体学生在2013年11月7日下午召开主题班会，经过民主讨论，制订了（1）班月考奖励方案，本方案即日起生效。

一、小组奖

1. 大家奖

班内六个小组根据月考成绩和德育积分进行考核，每半学期评选一次，前3名为大家奖，对其进行奖励（给组内成员发鼓励奖），另外给每组的纪律组长和正副组长颁发荣誉证书。（计算方法：德育成绩占40%，两次月考成绩各占30%）

2. 日新月异奖

每次月考结束后，小组平均成绩较上一次进步20分及以上者获得日新月异奖，进行奖励，并给该组纪律组长和正副组长颁发奖状，给组内所有成员颁发奖品。

3. 学习标兵奖

排名第一的小组，月考平均成绩提高10分以上（包括10分）并保持第一名的则获得学习标兵奖，对其进行奖励，给该组纪律组长和正副组长颁发奖状，并给组内所有成员颁发奖品。

二、个人奖

1. 特别奖

月考个人成绩居班级前5名且在年级前30名者获得特别奖，对其进行奖励，并颁发荣誉证书。

2. “十大元帅”奖

月考个人成绩较上次进步较大的10名学生获得“十大元帅”奖，对其进行奖励，并颁发荣誉证书。

3. 进步巨星奖

对于月考进步特别大的学生（年级名次进步 90 名以上或总分提高 80 分以上者），获得进步巨星奖，对其进行奖励，举行个人专题奖励会并颁发荣誉证书。

初三（4）班月考奖励办法

一、个人奖励

1. 总分在 550 分以上的学生

（1）总分提高 10 分以上或年级名次进步 5 名以上者奖中性笔 1 支。

（2）总分提高 20 分以上或年级名次进步 10 名以上者奖精装笔记本 1 本。

2. 总分在 500～550 分之间的学生

（1）总分提高 10 分以上或年级名次进步 5 名以上者奖中性笔 1 支。

（2）总分提高 20 分以上或年级名次进步 10 名以上者奖精装笔记本 1 本。

3. 总分在 400～500 分之间的学生

（1）总分提高 20 分以上或年级名次进步 10 名以上者奖中性笔 1 支。

（2）总分提高 30 分以上或年级名次进步 20 名以上者奖精装笔记本 1 本。

4. 总分在 300～400 分之间的学生

（1）总分提高 30 分以上或年级名次进步 20 名以上者奖中性笔 1 支。

（2）总分提高 40 分以上或年级名次进步 30 名以上者奖普通笔记本 1 本。

（3）总分提高 50 分以上或年级名次进步 40 名以上者奖精装笔记本 1 本。

（4）总分提高 60 分以上或年级名次进步 50 名以上者奖精装笔记本 1 本加中性笔 1 支。

5. 总分在 300 分以下的学生

（1）总分提高 30 分以上者奖励普通笔记本 1 本。

（2）总分提高50分以上者奖励精装笔记本1本。

二、小组奖励

1. 小组平均分较上次提高20分，每人奖励精装笔记本1本。

2. 小组平均分较上次提高30分，每人奖励笔记本1本并颁发小组荣誉奖状。

3. 平均分高于第一名班级平均分的小组，每人奖励笔记本1本，并颁发小组荣誉奖状。

4. 连续三次月考成绩排班级第一名的小组，每人奖励笔记本1本，并颁发小组荣誉奖状。

初三（7）班月考奖励办法

为了提高学生的学习动力，激发学生的学习兴趣，初三（7）班仲裁督导组全体成员于2013年11月5日召开会议，制订了班级月考奖励办法，自本日起生效。

一、小组奖

1. 风雨同舟奖

班内七个小组根据月考成绩和德育积分进行考核，每半学期考核一次，前三名获风雨同舟奖，并对其进行奖励（组内成员人人有奖），另外给获奖组的督导员和正副组长颁发荣誉证书。（计算方法：德育成绩占40%，两次月考成绩各占30%）

2. 团结进步奖

每次月考结束后，平均成绩较上一次进步25分及以上的小组获团结进步奖，并对其进行奖励，给该组督导员和正副组长颁发奖状，并给组内所有成员颁发奖品。

3. 学习先锋奖

小组月考平均成绩提高10分并保持第一名的小组获学习先锋奖，并对其进行奖励，给该组督导员和正副组长颁发奖状，并给组内所有成员颁发奖品。

二、个人奖

1. 学习高手奖

每次月考个人成绩居班级前 3 名且在年级前 10 名者获学习高手奖，对其进行奖励，并颁发荣誉证书。

2. 学习新秀奖

月考个人成绩较上次进步较大的 6 名学生获学习新秀奖，对其进行奖励，并颁发荣誉证书。

3. 特殊进步奖

对于月考进步特别大的学生（年级名次进步 100 名以上或总分提高 70 分以上且在下一次月考中成绩保持不退者）获特殊进步奖，对其进行奖励，举行个人专题奖励会，并颁发荣誉证书。

各班在文化建设上也想了一些办法。比如，初三（6）班的“我们在进步”专栏，每天或每周把各组进步最大的学生名单进行榜示；初三（1）班把（7）班、（3）班与本班各组第二次月考的平均成绩进行对比公示，摆明差距；初三（2）班做了一面奋斗目标墙，每个学生把自己的奋斗目标、超越对象等写在小纸片上，张贴出来；初三（7）班以组为单位，在自己组的工具栏上标出每次月考的平均成绩，同时也标注出下一次月考的奋斗目标。

班级挑战赛，点燃学生学习的激情

为激活班级之间、小组之间、学生个体之间的竞争意识，点燃学生的学习激情，我鼓励班级之间开展挑战赛。

与各位教师商讨后，我们选择初三（3）班和初三（4）班作为实验班。因为这两个班的学生基础差不多，任课教师一样，语文、英语、物理、化学互有差距，但差距不大。我分别到这两个班发动学生向对方挑战，详细分析每个班的优势和劣势。比如，（4）班的优势是学优生多，英语、物理稍好，劣势是数学与（3）班差距较大，待优生较多；（3）班的优势是数学成绩突出、化学比较优秀，劣势是学优生少、英语较弱。详细分析班情旨在指明各班的奋斗方向：放大优势，弥补弱项。

做了学生的工作后，又统一了教师的思想，使他们齐心协力鼓动学生挑战对方。

（4）班班委会在班主任的指导下制订了挑战措施，拟定了挑战书贴在了（3）班的教室门口。（3）班同学看到挑战书后赶紧召开班委会，最后在（4）班教室门口张贴了应战书。

这“两书”虽然都只是一张 A4 纸，却格外显眼，引得过往师生驻足观看。我注意观察这两个班学生的状态，都明显有了紧迫感，特别是（4）班的学生。（4）班结合挑战书制订的相应策略是如果挑战失败，以小组为单位，成绩最低的一个小组代表班级兑现承诺，即为（3）班清洁一周的环境卫生。全班学生你追我赶，各组团结一致，这种学习氛围是空前的。

第四次月考结果显示，(4) 班与 (3) 班的平均成绩只有 1 分之差，虽然挑战失败，但有明显进步。数学老师高武月看到挑战赛带给学生的变化后，感慨颇多，写下了自己的感悟。

进行第三次月考分析时，由于 (3) 班和 (4) 班的任课教师相同，于是我和赵老师——(4) 班班主任商量，决定两个班一起召开月考分析会，特邀杨主任为两个班获奖的学生颁奖。在分析会上，杨主任分析了两个班的学情，同时让两个班的学生交流了学习技巧和经验。最后分析成绩时，由于差距小，杨主任激发两个班的学生进行挑战赛。最后决定由 (4) 班的学生来挑战 (3) 班。

第二天早自习，我班的杨海昕跑来告诉我："高老师，(4) 班的战书已经贴到我们班的门口了，我们该怎么办?"我笑了一下，问："你说怎么办?"然后我们异口同声地说："我们应战吧。"于是我们班写了应战书贴到 (4) 班的门口。两个班的挑战赛悄悄开始了。

接下来的几天，我分析了 (4) 班和我们班的差距：(4) 班学优生较多，中等生很少，待优生也很多。而我们班正好和 (4) 班相反，学优生和待优生相对来说比较少。我们要战胜 (4) 班，就要发挥中等生的优势，激发学生的学习激情，让他们向 (4) 班的学优生学习，同时抓好待优生的成绩。

学生都很努力，但对第四次月考我还是很担心。第四次月考结束后，我和学生对成绩都很关注，结果我们班以微弱的优势战胜了 (4) 班。后来，(4) 班的学生和我讨论这次挑战赛时，语气中多少有些气馁，于是我鼓励他们："通过竞争我们两个班的成绩都进步了，特别是你们班，成绩提高了很多，所以你们是成功的，老师也看到了你们的希望。只要我们大家一起努力，成绩一定会提高更多的，我有信心，你们有吗?"学生齐声回答："有。"通过挑战赛，两个班学生的学习积极性都有所提高，我们的希望又寄托到了第五次月考上。

实验成功了，我非常兴奋，在第四次月考总结大会上我向全年级推广了这一做法，并导演了一场别开生面的挑战赛动员大会。大会后各班学生意气风发、斗志昂扬，挑战词响彻云霄。

初三（1）班致初三（2）班挑战书

亲爱的初三（2）班的同学们：

你们好！

吾志所向，一往无前，贵班几次检测小胜我等，心里佩服之至，但胜败乃兵家常事。月考小败，未挫锐气，前事不忘，后事之师，刀出鞘，全力拼搏，箭上弦，不达目标枉少年，这不是大放厥词，更非河汉斯言。

诚信祈愿，今后大小考试，能与贵班一决高下。若贵班再胜，我等愿赌服输，出资购书 5 本，书目由贵班定；若我等取胜，贵班亦是如此。贵班敢应战否？

初三（2）班应战书

挑战（2）班，我们佩服你们的勇气，我们一定会积极应战，不会让你们失望，也不会让你们轻易得逞。我们有热情、有豪情、有激情，想超越我们，很难！

初三（4）班致初三（3）班挑战书

今天，我们向（3）班发出挑战，彻骨梅香寒暑往，十年苦读比今朝，我们会勇往直前，决胜第五次月考！初三（4）班的雄鹰战士们，现在已把战鼓擂起，把号角吹响，我们将全力以赴，永不放弃！用勤奋、智慧、汗水赢得成功。我们相信初三（4）班必胜！加油！

0.25 分不是差距——若挑战失败，我们愿为（3）班清洁教室一周。

初三（3）班应战书

初三（3）班的兄弟们，能否战胜（4）班？初三（3）班的兄弟们，能否打得（4）班落花流水？我们坚信：我们能！初三（3）班必胜！

初三（5）班致初三（6）班挑战书

亲爱的初三（6）班全体同学：

在刚刚过去的月考中，你们班的成绩脱颖而出，而我班则马失前蹄，暂时失利。但我们（5）班没有懦夫，我们将会以最饱满的热情、最昂扬的斗志、最不懈的意志，排除一切干扰，挑战所有困难。

我们（5）班誓与（6）班比班风、学风，比刻苦，在下一次的月考中，一定要超过（6）班。若挑战成功，你们把清洁工具各买一件，双手奉上。若挑战失败，我们将把清洁工具各买一件，双手奉上。

我们发出挑战，将用努力验证；我们发出挑战，将用事实说明：成功非我们初三（5）班莫属！

望亲爱的（6）班同学接受。

初三（6）班应战书

很高兴接到贵班的挑战书，我们正式接受你们的挑战。

从贵班的挑战书中我们看出了你们的不甘心，你们有坚持不懈的毅力、奋发向上的斗志和高涨如火的激情。有你们这样上进的班级做对手，我们非常荣幸。学习中有对手，就会有压力，有压力就会有动力！努力拼搏，永不服输，瞄准目标，坚持不懈是我们的信念。在未来的100天中，我们初三（6）班一定会让实力证明一切，让事实胜于雄辩，（6）班的同学已经准备好了，来吧，我们将继承：

一比不怕苦，想想长征两万五；

二比不怕累，千难万阻我不退；

三比不怕艰，万水千山我向前。

与英雄共舞是我们共同的信念，与强者共行是我们共同的愿望。

希望在日后的切磋中我们能互相学习、互相借鉴，在学习中提升，在竞争中超越，为环县五中争光，为初三年级添彩。

初三（7）班致初三（9）班挑战书

亲爱的（9）班同学：

首先恭贺你们在本次月考中获得年级第一名，这充分证明了贵班的实力。你们是我们大家学习的楷模。你们用自己的汗水浇灌出成功之花，用自己的勤劳采撷荣誉之蜜，你们的实力让我们敬佩，但同时也让我们警醒。即使我们思维不敏捷，但那又怎样？我们会用我们的自信、踏实、认真、努力去证明我们将会是那，也一定是那搏击长空的雄鹰。我们坚信我们会回到属于自己的那片蓝天，在那片蓝天上留下痕迹。

我们决不退缩、决不逃避、决不妥协。为了相互学习、相互监督，共同进步，在此我们（7）班所有成员向贵班提出友谊挑战，这绝非空谈。我们知道，想要成金，必将经受烈火的锤炼；想要破土，必将积蓄足够的动力。千凿万锤出深山，烈火焚烧若等闲。我们坚信我们初三（7）班会在初三年级独树一帜，会在环县五中创下奇迹，所以我们向在场的各位老师、同学承诺，也请各位老师、同学为我们的挑战做个见证，如果在下次月考中我们战败了，那么我们会听凭调遣为（9）班全体同学高质量服务一周。

初三（9）班应战书

初三（7）班全体同学：

你们好！

我们欣然接受你们的挑战，你们的挑战对我们是一种鞭策和激励。我们知道，你们班有着雄厚的实力和无限的潜力，这更激起了我们应战的信心和决心。

前进的路上我们要做勇士，冲刺的跑道上我们勇往直前，前进是一种挑战，挑战是一次升华。三月的春风点燃我们青春的斗志，2014 年的辉煌激励我们梦想的腾飞。

沧海横流，方显英雄本色；横刀立马，谁能与我争锋？（9）班的勇士们，可敢应战？

天为棋盘，星为子，何人敢下？我们敢下。地为琵琶，路为弦，何人敢弹？我们敢弹。

初三（10）班致初三（8）班挑战书

各位初三（8）班的同学们：

十年寒窗苦读，100 天风雨化龙，在这决定我们命运的关键时刻，我们初三（10）班全体同学向你们发出挑战。我们知道你们是一个非常优秀的班集体，在这两年多的学习中我们彼此结下了深厚的情谊，能和你们成为竞争对手，我们非常高兴，同时也感到压力。但是我们坚信，我们初三（10）班也是一个敢于挑战、敢于争光，充满自信的班集体。我们有理由相信，我们能在竞争中共同进步。

我们会用不懈的努力，擎起六月的天空。“宝剑锋从磨砺出，梅花香自苦寒来。”我们定会凭着这种信念去奋斗，在今后的月考中，我们初三（10）班一定会取得胜利！

让我们用行动去证明这一切吧，（8）班的同学们你们有没有信心？

初三（8）班应战书

很荣幸接到贵班的挑战，我们接受挑战。面对有如此强大气场的你们，我们一定会竭尽全力，不管结果如何，努力的过程最重要。我们注重的是过程、是汗水，如果我们不幸应战失败，我们愿意为贵班清洁卫生一周。

每个班的“战书”都很有才气和霸气，听了之后一股豪气从心底陡然升起，浑身充满了无穷的力量。

老师，请您相信我

——一名“坏学生”的转变

对于当代中学生来说，早恋已经不是什么新鲜事，作为家长、教师要引导男女学生树立正确的恋爱观。有些同学由于家庭教育的原因，面对早恋无法把持自己，最后发展到不可收场的地步，不但影响个人前程，更影响了班级乃至整个年级组的正常教学工作。正当我激情满怀、信心百倍地与师生打成一片向中考冲刺时，初三（4）班发生了让班主任、年级主任和我非常头疼的早恋事件。

2012年11月的一天下午，初三（4）班班主任王乾鹏突然来电，问我在什么地方，能否赶紧到他办公室来一下。我立刻紧张起来，不知道发生了什么事。当我急匆匆地赶到办公室后，发现（4）班一名男同学正与王老师僵持着，（6）班班主任正在调解，看得出王老师与这名学生都比较激动。

王老师看见我进来就说道：“杨主任，这班我没法带了，我们班李欢要打我。”那个男同学应该就是王老师说的李欢了，他皱着眉头，绷着脸，大口地喘着气。

我看了李欢一眼，让（6）班班主任先把他带到年级主任陈光能的办公室，然后询问起王老师事情的起因。

原来这名学生的家庭条件不错，原在环城初级中学就读，由于调皮捣蛋无法正常学习，家长不得已将其转入我校。刚开始，该学生除了不按时交作业外没有其他问题，后来却与班里一名姓吴的女同学谈起了恋爱，且不回避其他同学。任课教师与班主任碰见了几次，分别对他俩做了思想工作，但效果不大。班里的其他同学受到影响，放松了学习，在年级中也造成了不好的影响。

这两名同学本来在同一个学习小组，发生这件事后被班主任分开了。吴同学的学习成绩原本不错，属于班里的学优生，自从和李同学谈恋爱后，开始不按时交作业，不参与学习活动了，学习成绩明显下滑。

今天下午王老师批评吴同学不交作业时，李同学“拔刀相助”，与王老师在教室“理论”起来，并跟随王老师进办公室，让王老师以后不要再管他俩的事了。

我一边安慰王老师，一边拨通了李同学家长的电话。

半小时后，家长来到学校，我向其说明李同学的情况，他们不相信会有这样的事发生，一再强调自己的孩子很懂事、很听话。于是我找来班里几名同学，让他们把自己见到的讲述了一遍。

我问李同学班中同学的话是否属实。李同学回答：“没错!”家长在证据面前羞愧地低下了头，但其家长话锋一转：“教育学生是你们老师的责任，我把孩子交到学校，你们怎么教育成这个样子了，你们的老师是怎么做的?”

看得出，李同学被家长宠坏了。我让李同学到办公室外面等一会儿，对家长陈述了该生的表现以及对班级、全年级造成的影响，使家长认识到这样下去会毁了孩子。最后让家长先把该生带回家，好好沟通一下。

家长沉默了片刻，没说什么便带走了李同学。我又把吴同学的家长叫来，与李同学进行一样的处理。

过了几天，两名家长找到我说已经做好了孩子的工作，保证不会再发生以前的事了，如果再发生，他们会主动把孩子带回去。

但是，没过几天，李同学又找吴同学了。这次他变“乖”了，教师批评他时，他态度很诚恳，但就是不改正。

我一直在思考怎么改变李同学，于是努力与班主任、任课教师、年级主任齐抓共管，改变李、吴同学的早恋现象。我又单独与李同学进行了几次沟通，并约法三章，他表示会疏远吴同学，努力学习，冲刺中考。他能说出这样的话，表明还有转变的可能。于是我一直在暗中观察他的表现。

有一天我巡班时发现李同学又去找吴同学，我很生气，但不知该如何处理。只好从一楼到五楼，再从五楼到一楼一个班一个班地“检查”，心里想着如何借这次事件彻底改变李同学。

李同学跟着我楼上楼下地走，我没有对他讲一句话，但我感受到了他内心的不安。突然，我有了主意，把他领到教务处的监控室，让他看监控录像。

我说：“每个同学在班里的一举一动电脑都记录在案，你的行为都会被记录下来。”

李同学看到监控录像后不安起来，马上表示自己一定改正。

我把他领到办公室，耐心地给他讲解了早恋的危害，我让他寻找吴同学的缺点，让他想想班里同学对他的态度，想想他父母失望的表情，再想想班里其他同学阳光的、快乐的生活。

他哭了，哭得很真诚。

看得出，他想真正地改变自己。

我又给他讲了一些学生因为早恋毁了前程的案例。

我把李同学的改变告诉了王老师及其他任课教师，希望大家能给他以关爱，帮助他从早恋中走出来，努力学习，冲刺中考。

之后，我只要见了他就会问他最近的学习情况，同时不忘鼓励他几句。从此，李同学变了，学业也有所进步。

班主任及其他教师也反馈：李同学确实在改变。

同学们看到李同学的转变，也积极给予他关爱和帮助。

在临近中考时，李同学给我写了一封信：

尊敬的杨主任：

您好！

时光匆匆地溜走，我的初中生活已接近尾声，在离别的时候我非常感谢您及各位老师的关心和照顾。

我知道我以前犯了很多错，但是你们没有放弃我。在你们的细心教导下，我改正了错误。

我以前真的很无知，我不懂得初中生活是这样可贵，不知道各位老师是这样可敬。

现在，我明白了一切。感谢母校对我的关心，感谢老师对我的关心。我会努力考上高中，为母校争光，以无愧于母校以及您和各位老师对我的关心与照顾。

我衷心地感谢你们——我敬爱的老师，我亲爱的母校。

我一定努力奋斗，为母校争光，请您相信我。

最后我衷心祝您及各位老师工作顺利。

此致

敬礼

您的学生　李欢

2013 年 6 月 14 日

中考结束，李同学以优异的成绩被我校高中部录取，而吴同学也被环县二中录取。

召开主题班会，促进班风、学风建设

元旦前夕，为了让学生释放积聚在内心的压力，我号召各班举办元旦晚会，学生纷纷响应。12 月 30 日晚，初三各班在本班教室举办了他们在环县五中的最后一次班级聚会活动。我到各班巡查，发现同学们都在楼道等我，都想让我参加他们班的元旦晚会。同学们的纯真打动了我，我到各班送上了新年的祝愿。送完祝福已经快 9 点了，有些班级的晚会已经结束。我信手推开初三（7）班教室的门，教室里光线很暗，只听到“噼里啪啦”收拾酒瓶的声音。

“有学生在教室酗酒。”这是我的第一反应。

我感觉到了学生的惶恐，没有训斥他们便退了出来。我找到（7）班班主任殷建中老师，让他了解一下这件事。

据参与的学生说，临近毕业了，大家都将离开母校，各自走上新的征途，所以想借此机会提前告别一下。选择喝酒的方式告别，不知是谁提议的，但响应的人很多。

我相信这是学生的心里话。想了很久，我决定在该班开一个会，会上我首先批评了班主任管理不力，然后给学生讲了酗酒的危害及目前国家政策中对酗酒的几项规定，最后鼓励学生要把握这最后的半年，力争实现自己的理想。

事后，殷老师说很多学生向他承认了错误，并向他保证在今后的半年里要好好学习，实现自己的高中梦。

这件事让我认识到，有些事，只要合理引导，就会变成教育资源。

没过多久，（7）班的问题又暴露出来了，由于班主任没有号召力和威慑力，该班学生自由散漫，学风涣散。我找班主任殷老师进行沟通，对他的工作进行了严厉的批评，希望他能在短期内改变（7）班的现状，同时要求年级主任深入该班，协助班主任整改。

之后，我一直在思考（7）班的问题，觉得单依靠班主任的力量有些单薄，我应该助班主任一臂之力。于是，我决定召开主题班会，解决（7）班的问题。

班会上，我提议让学生来谈谈班级的情况，结果学生都做自我检讨。我觉得这样起不到作用，于是终止了学生的发言。之后，我在黑板上公布了（7）班数次月考的情况，通过几次月考成绩的对比，让大家看到（7）班成绩的下滑与学风的倒退，我还特别指出了（7）班在最近的一次月考中的危险变化——成绩下滑很严重。

接着，我给学生分析了今年的中考招生现状，指出如果这样下去他们中的许多人将考不上高中。同时，我把班里问题学生存在的问题一一列举出来，警告他们，如果不悬崖勒马，将扣发毕业证，处罚班主任（当然这只是我的策略）。

最后，我又给学生以希望，告诉他们，只要在最后的几个月里奋发图强，他们还是有机会顺利考入高中的，并给他们讲了一些科学的学习方法。

第二天我在巡查各班的情况时，发现（7）班所有学生都到校了，班主任正组织大家在背书，我看到了这次主题班会的成效。

语文老师刘艳丽记下了她对这次班会的感想：

初三的复习本应该是充满紧张气息的，可是初三（7）班的学生却逐渐对学习产生了倦怠。好多学生作业做得不认真，字迹潦草，连平时的学优生都缺少了学习的激情。针对这种班风、学风都急需扭转的现象，班主任专门请杨树岳主任在（7）班开了一堂别开生面的班会。

刚开始听了几位同学的发言，我担心这次班会会和前几次一样流于形式，大家都在剖析自己的错误，并未从根本上认识到时间的紧迫、学习的重要。杨主任陷入了沉思，我也明显感觉到一种紧张的气氛，同时也认识到我们肩上的担子之重、责任之深、压力之大。

不久，杨主任就终止了学生的发言，并不紧不慢地在黑板上列举了（7）班六次月考的成绩，把（7）班的现状展现在大家眼前，让大家清晰地看到了自己成绩的下滑。数据远比老师喋喋不休的劝导更具说服力。（7）班自进入本学期，成绩跌入了谷底，杨主任以理服人，根据当前的形式设喻推理，让学生认识到考场犹如战场，认识到问题的严重性。此时此刻，大家都低头沉思，若有所悟。与学生打交道是一门学问、一种艺术、一种境界，杨主任做得很好，让我受益匪浅。

这次主题班会的目的不单是为了让学生认识到时间的紧迫、学习的重要，也是为了点燃学生学习的激情。任课教师魏老师洒脱飞扬的十四个大字“若今日寒窗苦读，则明日独占鳌头”落在了后黑板上，也烙进了学生的心里。

真希望学生能体会到老师的良苦用心，能鼓起勇气，战胜自己，坚持到最后一分钟，交上一份自己满意的答卷。

老师期待着你们的转变，环县五中期待着你们的惊喜。

从此，（7）班的班风得到了彻底改变，学生良好的学习状态一直持续到中考。中考结束后，该班考入环县一中 11 人，其他高中 23 人。学生在毕业时纷纷表达了自己的心情，今择其两篇分享。

时光老人的马车带我驰到了初中生活的尽头。临别之际，我思绪万千，有许多话想对你说，却不知从何说起。想起初一报到时，整所学校只有一座实验楼，其余地方则沙尘飞扬，杂草丛生。看看如今的校园，绿树成荫，池塘碧波荡漾，我们有了优雅的读书环境。如今的环县五中不仅拥有雄厚的师资力量，更有上千名学生，这一切，无不彰显着环县五中的飞速发展。

母校，是你教会我与人合作，让我懂得团队力量的强大。在轰轰烈烈的课改浪潮中，我学到了新的学习方法。

母校，是你让我感受到浓浓的关怀。忘不了语文老师一次又一次的教导，忘不了班主任在我们犯了错误还不知悔改时的悲愤，忘不了化学老师在我们稍取得进步时的欢喜……这份感情，这份关怀，使我们有了决胜中考的信心。

母校，你教会我太多太多，给予我太多太多。亲爱的母校，我将为你骄傲，为你自豪。亲爱的母校，你给予了我人生最美好的记忆。

初三（7）班　韩泽凡

时间过得真快，一晃三年过去了，静下心来想想，三年的点点滴滴仍历历在目，好似就发生在昨天，不由得我思绪万千。

记得刚踏进环县五中时，这里的一切让我感到凄凉。这是什么地方？是我走错了吗？眼前只有一栋楼，其他地方一片狼藉，都在施工，我失落地到班里报到，老师居然让我去除草。这里的一切让我失去了信心。很庆幸我没有选择离开，而是陪伴着环县五中一同成长。

看，现在的校园多么迷人，有花，有草，有水，还有关心我的老师和同学们，我不再孤单。自从升入初三，老师们更是对我关怀备至。还有我们的杨主任，总是来教室询问同学们的情况，每天都想着怎么能让我们学得更多、懂得更多，为我们费尽了心思。如果不是我们，您应该在享受儿女带来的快乐，而您对我们下的功夫比自己的孩子都多，不知您的身体是否吃得消。我们该拿什么来回报您？我想，只有用成绩来回报您的恩情，才是您最高兴的。

环县五中的所有老师，你们尽职尽责，把自己所知道的都教给了我们，老师，谢谢您！

初三（7）班　万芳

相信，是学生进步的最大动力

4月末，环县教育局安排了中考报名工作。年级组决定进行第六次月考。此次考试试题的难度比上次要大一些，但是考试结果比上次好。以班级而言，初三（6）班进步较大。从考试前学生的学习状态看，（6）班自主题班会后进步很大，这说明改变学生的学习意识很关键。

几天后，我组织初三年级全体学生召开了填报志愿培训会与后期复习动员会，张校长也做了激励性的讲话。

学生报名结束后，学校又召开了行政会，确定推荐上环县一中的学生名单。按照县教育局的安排，我校有14个推荐上环县一中的名额。

所谓推荐生，就是政治、生物、地理、历史、体育等学科成绩在B等以上，且思想品德表现良好的学生。推荐生的录取分数在环县一中录取分数线的基础上降50分。

我思考再三，为了激励学生，按照县教育局确定的推荐条件，最后确定了14名比环县一中往年录取分数线稍低的推荐生。

与会领导反应很强烈，认为我的意见不可行，觉得应该推荐年级成绩排名前14名的学生。

会议进行了两个多小时，推荐生名单还没有确定下来。

最后，校长终于同意了我的建议。

我想，绝不能浪费这14个名额，如果这14名学生都考上了环县一中，一定能大大提升下届学生的自信心。所以，必须想办法点燃这些学生的学习激情，使他们考上环县一中。

我把这14名学生召集起来，进行了沟通与鼓励。我告诉他们，学校把推荐生的名额给了他们，说明老师相信他们一定能够考上环县一中，他们要更加努力。这些学生很激动，信心十足地表示一定不辜负我的期望。

在之后的日子里，我经常询问这些推荐生的学习情况，询问他们有什么需要帮助的，我也经常询问教师这些学生现阶段的学习状态。

……

中考成绩揭晓，14名推荐生被环县一中录取了11名。事后，教师都说，如果不给这些学生强大的信心，恐怕14个人中没有几个人能够考上环县一中。

用教育随笔搭建与学生交流的桥梁

教师如何与学生交流沟通，是个百谈不厌的话题，沟通的方法是否恰当，关乎教师的目的能否达到。沟通的方式有很多，如谈话法、家访法、问卷调查法等，每个班主任都有自己的独特方法。在环县五中的教师团队中有这样一位班主任，她采取随笔的方式与学生交流，赢得了学生的信赖，使班级建设发生了质的飞跃。特别是几个问题学生看到老师笔下的自己是那么棒，自己在老师眼中是那么重要，其行为和思想渐渐发生了变化，开始向老师期望的方向发展。

这名教师笔下的文字很有力量，胜过苦口婆心的说教，胜过声嘶力竭的训斥。这名教师开辟了一种新的德育方法。

她，就是刘瑞琴老师。现把她的《那一片天，那一群人，那些永远的故事》摘录一二，与大家分享。

一

下午，天阴沉沉的。一周的工作圆满地画上了句号，我和班长李彩云一起下楼，边走边聊班里的情况，那份惬意使我的疲倦顿时减半。感谢这帮可爱的学生的陪伴，让我的生活充实而有意义，平凡而不平常。

那五十张面孔，勾勒出一幅和谐的画，组成了团结上进的书香（2）班。在这个大家庭里，学生快乐地学习，健康地成长。

李彩云，我们的班长，一个文静、不善言谈但责任心很强的女孩，她对班级工作的认真、负责影响着班里的每一位同学。我相信在这个集体里，我们沉稳、内敛的班长会转变成一个活泼开朗的女孩，会更好地帮助我协调工作，带领全班同学一起学习、一起成长。

杨健，我们可爱的副班长。她是个聪慧的姑娘，活泼开朗，性格有点像男孩子。记得开学第一天，我正伏案忙碌，一瓶矿泉水递了过来："老师，您喝，您辛苦了。"我顺势望去，一个身影一溜烟不见了。这不是杨健吗？我心里暖暖的。还记得开学第三天的情景，班里选小组长，小组同学推选了她，她不愿意。我问她原因，她说："老师，我不行，我在小学时经常不交作业，还调皮、捣乱，我当不好小组长。"通过这两天的观察，我觉得她能力挺强的，便鼓励她："老师觉得你很聪明，办事干脆利落，性格开朗，适合做班干部。老师相信你一定能做好！你有这个能力！"说罢，我顺势把杨健揽在怀里。她的眼泪"唰"地流了下来。我知道，可能是由于她的父母平时工作太忙，对孩子的关爱和信任太少，所以让她变得调皮、不自信了。我决心要用我的爱、信任和严厉改变她。自从当了小组长，课堂上，她注意力集中了，发言也积极了，我很高兴。第三周，我推荐她当副班长。她学习更加用功了，而且对班里的事也特别关心，做事也很有条理，在班里人气很高。如今我们班自习课安静了，下课学生也不在楼道里随意打闹了，学生的学习环境好了许多，这些都是我班的"小不点"——杨健的功劳。听她妈妈说，杨健现在在家也特别懂事。我相信，这个可爱的"小不点"会越来越棒！

周欢欢，一个可爱但很调皮的男孩子。在小组里，他是最让大家头疼的组员，不爱学习、不团结、不打扫卫生……为此，小组同学给他写纸条，说知心话，向我汇报，我曾多次批评他，也多次鼓励他，但因为养成了习惯，很难改掉。通过几周的观察，我发现周欢欢同学心地善良，只是小毛病较多，对学习没兴趣。所以我决定带领全班同学帮助他尽快改掉坏毛病，我相信周欢欢同学一定会改变的！

赵浪浪，一个帅气的阳光男孩，是我们班的数学课代表。他思维敏捷，乐于助人，对于班级事务尽职尽责。我希望他今后更加努力，创造奇迹。

我可爱的孩子们，我希望你们在书香（2）班，能够健康成长、快乐学习。我相信你们会创造奇迹！

二

时间飞逝，弹指间半学期已过，我们年级组已顺利完成第二次月考，各班利用晚自习对第二次月考进行了分析，我班学生也认真总结了经验，并提出了今后的奋斗目标。我相信他们，加油！

我们班这次考试居年级第四，退了一个名次，（1）班挑战成功，学生欣然接受了约定好的惩罚。同学们，努力吧，人生路上因为有对手，生活才有滋有味，加油！

同学们，人生路上因为你们的陪伴，老师不会孤单！同学们，让我们一起用心交流，用智思考，用情浇灌，用爱撑起我们的天。

一起来分享我们（2）班的故事吧。

我是书香（2）班的孩子

慕　倩

“打起黄莺儿，莫教枝上啼。啼时惊妾梦，不得到辽西。”传来这琅琅书声的是哪个班呢？除了我们书香（2）班还能是哪个班？别说我骄傲哦，我就是书香（2）班的一分子，我很荣幸，也很自豪！

请允许我先介绍我们班各部门的领导：我们班的老大（班主任）——刘瑞琴，我们班的掌门人，质朴的掌门人将带领我们打下属于我们的一片江山。班长——李彩云，人和她的名字一样美丽，她是位办事公平公正的姑娘，学习很出色，她用她的个人魅力和责任心赢得了同学们的尊重、理解和支持。副班长——杨健，一个活泼可爱的小姑娘，她的职责是监督我们班的纪律，她能力很强，我很欣赏她。

接下来我为大家介绍我们班三大学科带头人：数学课代表——赵浪浪，一个爱唱歌的阳光男孩，很了不起，这次月考他取得了很好的成绩，只是有时候会把检查作业的事忘在脑后；语文课代表——孟娜，知识渊博，她带领我们大家遨游在中华经典的海洋中，是语文老师的好帮手；英语课代表——余亮亮，一个睿智的男孩，各科成绩优秀，学习一丝不苟，对自己要求很严格，是我们的榜样！

传奇人物来了，我班的生活委员，高个、偏胖，用老师的话说就是“长得太帅了”。可他在学习上不努力，工作中偶尔也不尽责。希望这位同学能把平时的机智用在工作和学习中。

现在我来介绍一下我自己：我叫慕倩，是个大大咧咧的女孩，脾气如六月的天，说变就变，但时间不是很长，一小会儿足矣。每次失落的时候，我总会勉励自己：“阳光总在风雨后”“宝剑锋从磨砺出”。也经常鼓励自己：“我是打不倒的慕倩，我是天不怕地不怕的慕倩。”这就是我，性格像男孩子的我，坚强、勇敢、上进的我。

我的朋友很多，最要好的朋友是李彩云，我们一起学习、一起玩、一起成长。希望我们的友谊地久天长。

我们的班主任刘瑞琴是我们的数学老师，她朴素、大方、说话风趣幽默，每句话都让我们受益。班主任是我们的朋友，在班会课上，给我们拍照，给我们讲做人的道理和学习方法。她把我们放在第一位，关心我们的学习、生活，牺牲周末的时间进行家访，不辞辛苦。我很爱我们的班主任，我经常把我的心事告诉她，与她一起分享我的快乐与烦恼。

我们的语文老师是全校出了名的才子，他讲课幽默、语言简练，我很喜欢他的课。

我们的英语老师比较严厉，很少看到她的笑容，但她也是位尽职尽责的好老师。

我很高兴我是书香（2）班的一分子，在这个大家庭里，我们健康快乐地成长。我知道我们的大家庭在前进的道路上会遇到困难、挫折，但我坚信，只要我们齐心协力就一定都能克服，因为阳光总在风雨后，彩虹经过风雨的洗礼才会更加流光溢彩！我们书香（2）班要做环县五中最亮、最美、最质朴迷人的那颗星。书香（2）班的朋友们，让我们一起努力、一起拼搏吧，相信我们的明天会更美好！

三

刘岩坤，书香（2）班的图书管理员，是个嗜书如命的帅气男孩，成绩优异，但写的字却没有他人帅气，在这方面，刘岩坤同学该加把劲，不然就对不起“字如其人”的说法了。

接下来，我们一起来欣赏这位帅小伙的文章吧。

我的老师

刘岩坤

进入环县五中，我不仅认识了可爱的新同学，还认识了新老师。现在就隆重介绍一下我的三位恩师。

No. 1：班主任＋数学老师——刘瑞琴

我们的数学老师是我们的班主任，听名字就知道是位女老师，但她是很严厉的。周欢欢同学习惯极差，加之是家里的独生子，娇生惯养，调皮捣蛋，常惹是生非。班主任跟他谈过几次心后，我发现周欢欢变了，变得爱学习、有责任心了。这次月考，周欢欢进步很大，班主任对周欢欢说：“我可要好好奖励你。这次数学考了84分，对你来说已经非常不错了，好好努力，学好各门功课，老师相信你一定行。”班主任很称职，我们对她心生敬意。

No. 2：英语老师——徐颖辉

我们的英语老师端庄美丽，身材高挑，英语口语特别好，唯一让我们感到遗憾的是英语老师很少笑。英语老师责任心很强，每次给我们布置任务都很认真，而且检查得也很仔细。

No. 3 语文老师——李宁

我们的语文老师很有才气，讲课风趣幽默，而且不喜欢发脾气。语文老师刚教我们班时，我们上课不认真，调皮捣乱，他总能心平气和地同我们讲道理，且总让我们心悦诚服。慢慢地，我们都开始敬佩他了，是他让我们认识到学习的重要，让我们没有虚度光阴。

我们的老师都很爱我们，我们也爱我们的老师，虽然老师教育我们的方式不同，但他们的出发点是相同的：让我们学会做人，学会做事，学会学习。老师，我会努力的！

教育智慧篇

Dian Ran Xue Zi De Ji Qing

“五步三查”课堂教学模式的构建与实施

2013年3月底，初三的课程进行完毕，第五次月考后将全面进入复习阶段。当时，我与校长正赴山东省济南市参加全国高校课堂“新九大范式”发布会暨第六届课改校长成长公益工程活动。

路上，我思索着，由于初三复习方法针对性不强，所以复习效果不大。该采取怎样科学实效的方法呢？我想到了《中国教师报》全国教师培训基地陈立主任曾讲的“五步三查”课堂教学模式。但当时我对这一教学模式了解并不多，于是决定在这次培训中向陈立主任详细请教一下“五步三查”课堂教学模式。

恰巧，在这次“新九大范式”发布会上，培训中心向与会者发放了解读“五步三查”课堂教学模式的小册子。

第一步：独学。学生根据学案结合任务与目标独立学习，类似于以前的预习。独学时要求学生使用红、蓝双色笔，自己会的知识用蓝笔填写，不会的用红笔标注。

第二步：对学、群学。在独学的基础上，学生把不懂的知识过滤出来，先与帮扶对子探讨交流，再与小组成员进行交流解决，这是一个小范围的知识共享过程。通过这一步，解决许多学生自己无法解决的知识困惑，这也是所谓的“兵教兵”。

第三步：组内小展示。这是一个阶段性小结的过程，小组把会的知识放在一边，把不会的知识罗列出来由小组课代表展示（板书）在本组的版面上，下一步寻求解决方法。

第四步，班内大展示。各组展示的问题可能有共性，有时候也有一些“奇思妙想”的问题。首先由各组的学生代表交叉解答每个组展示出的问题，当有的问题所有学生都无法解答时再由教师出面帮助学生解惑，这是个递进的学习过程，也是树立教师权威、展示教师能力的过程。这个环节是课堂最精彩的部分。

第五步，梳理知识，达标测评。对本节课（学习阶段）的收获、困惑进行整理，以期进一步巩固所学知识，解决存在的问题。通过小测试检测学情，总结经验。

“三查”的目的是为了使热闹的课堂实效化，主要由教师完成。一查在独学阶段，主要查每个学生的学习任务和学习目标是否明确；二查在组内小展示阶段，主要查各组学生对问题的过滤是否全面、准确；三查在最后一个环节，主要通过小测验对学生的学习效果进行了解。这个环节的后续工作是要结合学生的学习效果进行分析，找出成功与失败的原因，以便在下一次课堂操作中放大或改进。

我看了以后，深受启发。初三的总复习能不能换个方式呢？

我与校长交换了看法，校长同意了我的建议，决定把“五步三查”课堂教学模式作为我校课堂教学的主要模式进行推广，教师可以灵活应用。

在随后的一年多时间里，经过学校管理人员与任课教师的不断演练，“五步三查”课堂教学模式已深入每个师生的内心。

秋季开学，年级组对新学生和新老师进行培训，把“五步三查”课堂教学模式也纳入了培训内容。下面是对初一年级师生开展“五步三查”课堂教学模式培训的内容。

在课堂教学方面，我校采用“五步三查”课堂教学模式，给学生营造良好的学习环境，利用导学案，在课堂中采用独学、对学、群学的学习方式，为学生提供讨论、质疑、探究、合作、交流的机会。同时结合我校实际，及时地组织各种师生活动，培养学生的学习兴趣，提高学生的认知水平和理解能力。

一、"五步三查"课堂教学模式基本结构说明

（一）"五步"：指课堂环节的五个基本步骤

1. 第一步：独学。

2. 第二步：对学、群学。

3. 第三步：组内小展示。

4. 第四步：班内大展示。

5. 第五步：整理学案，达标测评。

（二）"三查"：指课堂上的三次关键性的学情调查

1. 一查：在学生独学时。

2. 二查：在组内小展示时。

3. 三查：在整理学案，达标测评时。

二、"五步三查"基本操作详解

第一步：独学。

独学指学生个体学习。在独学环节开始之前，通常要进行对上节课有关知识的反馈检查和新课的导入。

（一）检查反馈

在检查内容和检查对象上要注意分层次，并重点关注C层次学生（即潜能生）。

（二）导入新课

导入的作用主要体现在激发学习动力、调整学习状态、创设学习情境、建构知识系统等方面。导入新课后要明确本节课的学习目标。

（三）独学

所有能有效地促进学生发展的学习，都一定是自主学习。只有学生学习的自主性得到了激发和提高，学生在学习中才会有主动性和创造性，所以教师要高度关注学生的学习状态。而独学是针对学习的个体而言的，其字面意思是指学生的独立学习，但我们更为关注的是学生的独立自主学习。只有这样，其学习效果才能达到最佳。

高效课堂下的学生独学，以导学案为抓手，以问题为主线，运用双色笔就独学过程中存在的问题做好标注，然后将其带入对学、群学中进行解决。

1. 独学对学生的基本要求

(1) 纪律要求。

高效课堂一般不做硬性的纪律要求，以不影响别人的学习为宜。人只有处在自由的状态下，思维才有可能敏锐、活跃，才有可能具备创造力。

另外，对于在家庭中的独学，往往由于部分学生学习自觉性不强，导致独学效果不佳。遇到这种情况，可以通过有效的课堂学习评价和小组建设来对其进行引导督促，加强管理。

(2) 从问题入手。

对照导学案，学生自己查阅教材或其他资料，自主解决导学案中的问题。独学中解决的问题一般是导学案中的基础类题目、要求人人过关的题目。这就要求教师在编制导学案时要分层次设计各类题目。

(3) 双色笔标注。

学生独学未能自主解决的问题，需用双色笔做好标注，以便带着这些问题通过对学、群学来解决。

(4) 向组长汇报。

当独学环节完成后，组员要及时告知本组的学习组长，由组长向老师报告独学进展情况，便于老师掌握时间。一旦学生养成这种学习习惯，便可以自我控制学习时间和学习进程，这是培养学生自学能力的第一步。

2. 独学对教师的基本要求

(1) 关注学习状态。

在独学阶段，教师最重要的任务就是高度关注每一个学生的学习状态。教师在巡视时应留心观察学生独学的状态是否投入，是否入情入境、入心入神。而高效课堂上之所以学生自主学习状态普遍较佳的原因之一，是后面的展示环节所创设的学习情境能更好地激发学生学习的内驱力，使之更好地展示自我，为小组争光。从这一点来讲，展示不是最终目的，而是促进学生自主学习、高效学习的一种有效手段。

(2) 尊重个体差异，不搞“一刀切”“齐步走”。

教师要明白，由于学生个体的差异，对待同一个导学案，学生独学的时间有快有慢，独学所完成的内容也有多有少，这一点是不能回避的客观事实。教师要尊重这种差异，引导学生分层学习、分层达标，不搞“一刀切”“齐步走”。

(3) 适时点拨指导。

考虑到学段的特点和学生自学能力的差异，教师可以在独学过程中对个别学生尤其是后进生进行学法的指导、点拨。但要尽量通过导学案来体现学法指导，以减少教师对学生独学的干扰和学生对教师的依赖。

(4) 点评小结。

教师通过巡查把握学情。在独学环节完成后，教师可以就学生独学的状态对各组即时点评，达到激励、引导、提高的目的。

第二步：对学、群学

对学指两名同等学习程度学生的合作学习。群学指小组内不同学习程度学生的合作学习或学习对子间的帮扶学习。学习对子是指学习小组内相邻层次学生相互结成对子，进行学习帮扶，以形成一个相对稳定的学习共同体。

对学、群学环节仍然是以解决问题为主线。

对学、群学对学生的要求。

1. 先对学

首先，同层次学生对学，力求解决独学过程中存在的问题。

2. 后群学

以学习小组为单位，由学习组长组织成员对照导学案开展有效的合作、探究、对子帮扶，真正实现“兵教兵、兵强兵、兵练兵”。

3. 深入探究

对学、群学的过程，既是解决独学中存在的问题的过程，也是发现新问题、探究新问题、解决新问题的过程。通过对学、群学，能培养学生发现问题、研究问题、解决问题的能力和创造能力。这一点同传统教学截然不同。在教师的传统观念里往往是教到学生没有问题时才算成功，这种错误的观念导致学生缺乏问题意识。“创造始于问题”“提出问题比解决问题更重要”，没有问题才是最大的问题，才是最可怕的事情。所以培养学生的问题意识尤为重要。

第三步和第四步：组内小展示和班内大展示

（一）小展示和大展示的区别

小展示指小组内由学习组长组织的展示，组员将学习成果在小组内进行展示汇报。大展示指以小组为单位在全班进行展示汇报，一般由教师组织，当然也可以由学生代表组织。

二者的区别在于展示的范围不同，问题的共性度不同，内容的层次不同。小展示一方面展示对学、群学的学习成果，另一方面展示对学、群学中尚未解决的问题，并由学习组长将学习成果或存在的问题汇报给教师，便于教师把握学情，进行大展示。

（二）对学生的要求

1. 展示的基本要求——展示要体现“四性”

展示绝不是对导学案上问题答案的重复性讲解。学生已经解决的问题不需要进行展示，无论是组内小展示还是班内大展示一定是一种“提升”。展示要突出“四性”，即问题性、层次性、互动性、创生性。

（1）问题性。

所谓问题性是指从展示的内容上来讲，要展示共性度高的问题，或者易错点、重点、难点、焦点等。

（2）层次性。

所谓层次性展示是指从展示的分工上来讲，要增强小组成员的参与度，避免精英展示。要为不同层次的学生尽可能提供展示的机会，满足个体需要，增强学生的自信心，强化团队合作意识与集体意识。

（3）互动性。

所谓互动性展示是指从展示的方式上来讲，要体现出师生、生生的交往。

（4）创生性。

所谓创生性展示是指从展示的价值体现上来讲，包括学习的方法总结、规律探寻，学习的新发现、新思考、新感悟或新的成果展示等。

2. 展示行为常规要求（略）

（三）对教师的要求

教师的主导作用和课堂教学机智将在展示环节受到严峻的考验。这是考量教师综合素质的最关键环节。

1. 学情调查

组内小展示时，进行第二次学情调查，调查的方式可以是教师巡视指导和学习组长的反馈。教师就小展示暴露出来的问题和小组备展的内容，灵活调整预设的时间安排，确定大展示的内容、时间，组织全班进行大展示。

2. 适时引导点拨

在大展示过程中，学生往往探究不够深入，停留在浅层次的表达或者迂回不前的质疑对抗甚至偏离主题的拓展延伸上。这就要求教师要研究学生的最近发展区，适时追问、点拨、启发、引导，让学生自主寻找解决问题的方法。

教师在这一环节易犯的错误是缺乏耐心和等待，容易“抢权夺位”，即过早地抢学生的话语权，夺学生的主体地位，走入传统教学的惯性里去。原本即将到来的精彩生成往往被扼杀在萌芽状态。

3. 即时性评价

教师可以及时评价各小组展示的情况，创设学习情境，激发学生学习内驱力。也可以在学生互动过程中进行即时性点评。

4. 备课预设很重要

教师通过这一环节的亲身体验，能够感受到课前的预设非常重要。在备课中教师要针对有关问题进行相关的预案准备，预设有可能出现的情况，尽量做到心中有数，以便应对突如其来的问题。即使教师做了预案准备，在课堂上也难免会出现一些悬而未决的问题，这些都是很正常的现象。但正是由于这些问题的存在，才更好地促使学生去探究知识的奥秘，去体验学习的乐趣。作为教师，不再是“学富五车、才高八斗”的讲坛圣人，而是真正回到学生中间，成了学生学习的共同体，成了学生平等中的首席。真正的师生关系和教学关系也因此得以建立。

第五步：整理学案，达标测评

在这一环节对教师的要求如下。

1. 组织达标测评

教师根据导学案最后的测试题（也可以临时添加题目）组织小组长检查或抽测本组学生对知识的掌握程度。在题目的设计上，测试题要体现分层次的原则，按照基础题、提高题、拓展题进行设计，要简而精。达标测试检查的形式灵活多样，教师可以组织小组长之间互查、小组长检查或是抽查部分学生，但最终要达到把握学情，了解每名学生的学习情况的目的。这也是下一节课反馈检查的主要依据。

2. 学情调查

教师要了解学生在本节课中掌握知识的情况，分析不同层次学生存在的薄弱环节，并在导学案的设定位置做好记录，作为下节课课前反馈和单元测试的依据。

三、有关说明

导学案不同于传统教学中的教案，导学案的编写要求比传统教案更高。导学案直接服务于学生，服务于不同层次的每一个学生。对学生自学能力的培养、学生个体差异的要求、教师主导作用的体现、课堂学习是否高效等，导学案都起着关键作用，因此要特别重视导学案的编写。教师要保证充分的备课时间，最好以集体备课的形式来研究编制导学案。尤其注意在问题的设计上要体现知识问题化、问题探究化、探究层次化，尊重学生的个体差异，做好分层目标、分层学习、分层训练、分层达标。

通常可将导学案中的问题分为三个层次。第一层次为基础题（基础在线）。主要考查本节课的基础知识，力求全体学生在利用导学案独学的基础上将问题全部解决。第二层次为提升题或拔高题。这类题目在知识和能力的要求上都有所提升，力求中等以上学习程度的学生在利用导学案独学的基础上将问题全部解决。第三层次为拓展题。这类题目有较强的综合性和难度，并与生活实践相对接，力求学有余力的学生在利用导学案独学的基础上能基本解决问题。学生在对照导学案独学的基础上，可以通过对学、群学解决存在的疑难问题。

分层导学复习方法的实施及其效果

2013年3月30日和31日，我赴济南市参加了全国高校课堂“新九大范式”发布会暨第六届课改校长成长公益工程活动，晚上写完培训日志后，我开始思考分层次复习的问题，一个完整的方案很快形成，我马上打开电脑记录下来。

一、程序要求

1. 动员教师，明确学习任务及操作程序。

2. 教师包班，分班指导、培训学法，发动学生，以得到学生认可。

3. 根据单元内容，教师集体备课，把内容分成若干级别，最低级要求每名学生都掌握，然后逐级增加难度。

4. 学生以小组为单位参与学习，小组成员轮流担任课代表，负责考核本组某一学科的学习情况。

5. 建立过关晋级记录表，公开张贴，对达标者进行精神与物质奖励。

6. 开展单元测试，对于晋级较多者进行奖励。

7. 教师的主要任务是设计学习目标、督查学生落实、解答学生困惑、奖励进步学生。

8. 单元过关的办法主要是学生根据学习任务独学、对学、群学、梳理问题，教师做最后解答。对于共性问题，教师可以在全班讲解，对于个别问题，教师可以在小范围内讲解。

环县五中初三复习阶段晋级导学案

科目		内容		班级		教师		审核	
级别	具体目标							晋级情况（只写晋级学生人数即可）	
一级									
二级									
三级									
四级									
五级									

初三____班____小组晋级荣誉榜（表一）

姓名	语文					英语					数学					物理					化学				
	一级	二级	三级	四级	五级	一级	二级	三级	四级	五级	一级	二级	三级	四级	五级	一级	二级	三级	四级	五级	一级	二级	三级	四级	五级

初三____班____小组语文晋级荣誉榜（表二）

姓名	第一单元					第二单元					第三单元					第四单元					第五单元				
	一级	二级	三级	四级	五级	一级	二级	三级	四级	五级	一级	二级	三级	四级	五级	一级	二级	三级	四级	五级	一级	二级	三级	四级	五级

二、对教师的要求

1. 整合教材，梳理复习目标和内容。让学生找出所学相关内容，根据提示，自己罗列学习内容，把握重难点。

2. 引导学生通过梳理找出差距，然后共同研讨，达成共识。

3. 注意研究学生的失分点，帮助学生避免同样的问题再次出现；从失败中求突破，要坚决杜绝会做而失分的现象。

三、评价激励机制

1. 单科晋级：晋一级，由课代表发奖；晋两级，由班长发奖；晋三级，由任课教师发奖；晋四级，由班主任发奖；晋五级，由年级主任发奖。

2. 综合学科：两门学科同时晋级，由任课教师发奖；三门学科同时晋级，由班主任发奖；四门学科同时晋级，由年级主任发奖；五门学科同时晋级，由教务处主任发奖。

3. 奖品设置：晋一级，小红花；晋两级，表扬信；晋三级，中性笔一支；晋四级，笔记本一本；晋五级，文具盒一个。两门学科同时晋级，发表扬信；三门学科同时晋级，表扬信加中性笔一支；四门学科同时晋级，表扬信加笔记本一本；五门学科同时晋级，表扬信加文具盒一个。

四、注意事项

1. 学生是否达标，先由自己评估，再由学科代表检查、组员评议、教师抽查。

2. 教师不能给学生强加过多的学业任务。

3. 在晚自习和课堂上学生做什么、怎样做由小组讨论决定。

4. 各小组的课代表可以组成学生教研组，研究学习内容及学习方法。

5. 在任务布置上，教师先布置一周的学习任务，当学生完成后，可选择学习其他拓展知识；当学生没完成时，剩余的则为周末作业。此为“周周清”。

我们的口号：拼搏六十天，圆我高中梦！

我们的目标：不让一个同学掉队！

我们的信念：不求第一，只求进步。

我们的学风：自主、合作、进步、快乐。

我追求，我参与，我进步，我快乐！

我将此方案给校长看，校长担心难度太大，老师、学生不能接受。我讲述了我的建议与实施方法，最终获得校长认可。于是我将方案打印下发给各位老师，让老师以学科组为单位，先进行讨论。

之后我问年级主任陈光能初三年级这次的月考成绩如何，他说考得很不好，老师情绪低落。这更坚定了我实施此方案的决心。

我组织教师讨论此方案。

首先，我对方案的操作方法进行了解读，并提出，教师要根据每个学生的学情帮助学生制订、认同学习目标，督促学生落实学习任务。同时我指出教师的工作重心在督查，学生对于任务要量力而行，只要每天都有进步，都有成就就行。

其次，讨论关于方案落实的问题，重点讨论学生分组之事。为了实现分层晋级，必须是学优生分一组，中等生分一组，待优生分一组，要保障每组中学生的水平相当。

再次，为学生建立纠错本，便于学生反思、归纳错题。

最后，采取包学科的办法抓落实，如我负责数学、物理、化学，年级主任负责语文、英语。

讨论会结束后，我要求教师都要进行尝试，并详细记录实施过程。

之后几天，每天我都到各班巡查，调研各位教师的方案落实情况。

一周后，我召开初三任课教师与学生代表座谈会，并邀请张校长出席。各备课组汇报了本学科组对晋级达标、分层复习的落实情况，学生代表也谈了自己对这种方法的认识和体会，最后，教师谈了自己的操作方法和体会。从师生的言谈中可以体会到这一方法确实给学生带来了很大的转变。

从学生层面看，学习任务量力而行，每个学生根据自己的需要制订学习计划，形成了你追我赶的局面，初三（3）班的成效最大，学优生提升很快。

从教师层面看，不需要批改作业了，可以把时间用在与学生沟通、制订复习计划、检查学生学习任务落实情况等方面。

座谈会结束时，我给教师提了如下几点建议。

一是让每个学生都认同每个单元、每节课的学习目标。

二是激活学生的学习热情，给进步学生以物质和精神方面的奖励，激励他们向前冲。

三是该讲解的内容一定要讲解，要分层次确定讲解的范围。

四是对于晋级达标表，教师与学生沟通，认为怎么设计合理就怎么设计，年级组不再强行统一。

五是不要害怕问题、回避问题，要形成这样一个共识：不出现问题是不正常的现象，出现问题后我们就研究问题、解决问题。先与学生探讨问题的根源，提出解决问题的思路，再与同学科、同年级组的教师沟通，最后形成解决问题的思路。

六是教师要引导学生做到“会做的不错，能得的不失”，要把平时的检测当作正式的考场，训练学生适应考试、会考试的能力。

之后，我走进教室，听课、观课、巡课，发现问题及时解决。我鼓励教师将我的方法灵活运用，创造完善。在我的强力督查下，全年级的教风发生了很大变化，教师通过实践感悟颇多。

初三物理分层复习方法

赵金龙

初三第一学期的期末考试刚刚结束，学生的物理成绩不太理想。我们的课结束得最早，复习的时间最长。在课刚上完时，杨树岳主任就找我们物理组老师谈话，询问我们物理组的复习计划，并给我们提出了复习建议——可以采用分层复习法。我们只是口头答应，并没有真正落实，结果学生的成绩与我们想象的成绩偏差很大，特别是学困生，成绩很不理想。

我们通过认真分析发现，分层复习很科学，很人性，也许真能提高学生的成绩。于是我们决定践行分层导学。

根据本次考试成绩，我们把学生分为三层，第一层是70分以上的学生，第二层是50～70分的学生，第三层是50分以下的学生。第一层的学生要自查，第二层的学生由第一层的学生检查（分配到人）、老师督察，第三层的学生由老师亲自检查。对于学生的要求是，第一层的学生完成老师每天布置的作业，适当地延伸课外资料。第二层的学生每天保质保量完成当天的作业。第三层的学生每天完成基础知识的记忆和课后的练习题，老师跟踪检查。

实施分层导学后，学生的学习热情大增，让我们看到了希望。我们都期待着学生学习成绩的提高。

实施分层导学之后

毕春霞

上一次的月考结束后，学生的成绩真是让我欢喜让我忧，学优生成绩稳定，进步明显，但中等生和学困生不但进步不明显，反而有退步的趋势。这让我慌了手脚。更让我手足无措的是，我所带班级那个考了年级倒数第一的学生开始破罐子破摔了。怎么办呢？

虽然我们一直在说：为学生减负，要分层次导学。但要落实起来，实属不易。上次月考结束后，一个语文考了69分的学生让我坚定了实施分层导学的决心。该生说他每一科学得都不好，只有语文考得还可以。其实该生在初一、初二时，语文成绩一直还不错，升入初三后由于思想波动比较大，致使其成绩下滑。班中几名学生与他情况类似。针对这种情况，我决定调动学生学习的积极性，让他们能在初中剩余的时间里学得开心，所以，我决定实施分层导学。

在我所带的两个班级里，后十名的学生作业一律减半；要求背诵的文言文，只要求其疏通文意即可；对于练习题，我则手把手地教他们做，并教给他们做题的方法和技巧。这次月考前，我陪着他们完整地做了几套试题，做完后我再引导他们反思。他们都说这样做学得很扎实，成绩提升很快。尤其是上次考69分的那个学生在这次月考中居然考了86分。我很开心，有进步就有希望。

实践证明，分层导学，让学生轻装上阵，既能提高学生学习的效率，也能提高学生学习的积极性，我会继续坚持下去，让更多的学生快乐地学习。我坚信：只要功夫深，铁杵磨成针。如果功夫里面非要加一点什么东西的话，爱心和耐心必不可少。

我的一点做法

刘瑞琴

第四次月考后，初三（8）班的数学成绩虽有一点进步，但并不理想，我必须采取措施，在这有限的时间里提高学生的学习效率。于是我听取了杨树岳主任的建议，实施分层导学，效果不错。现将我的一点做法与大家分享。

为了调动（8）班学生学习的积极性，培养学生的合作意识、竞争意识，我把学生按成绩分成八个小组（根据学生学习成绩分为A、B、C、D四个档，每档两个小组），每两个同档小组为竞争对手，鼓励他们互相竞争，互相检查对方的学习状况，由对方负责记分，一周汇总一次，优胜组进行奖励。优胜组的自信与落后组的不服输在每次发奖品时都表现得淋漓尽致，我相信这是一种良性循环，会激励他们下次做得更好。学生间的竞争意识是我们无法想象的，潜力是巨大的，他们会为自己组的荣誉而努力。因为竞争组之间实力相当，所以竞争起来更有信心。

这是我的一点做法，我会和学生一起努力，争取在最短的时间内提高成绩，同时让学生认识到时间的宝贵，我想这比我强迫他们学习效果要好得多。同学们，加油！你们很聪明，老师相信你们会做得更好。

第一次尝试

郝丽娟

岁月的车轮已经驶过昨天的课堂，同学们的梦想越来越近，每个人都在为梦想的实现努力着和奋斗着。初三的课程已经结束，感觉轻松了许多。但轻松之后，又开始担心——不知道学生对知识掌握得怎么样。

在杨树岳主任的精心策划下，我们数学组开始了第一轮复习。在第一轮复习中我们主要实行“周周清”与分层导学相结合的方法，每周一出示本周的复习内容及具体的学习目标，周末进行过关检测。同时对不同层次的学生提出不同的学习目标，设置层次化的训练习题，并配套出台相应的评价和奖惩机制，学生的学习积极性很高，不同层次的学生都体验到成功的乐趣。本周是我们第一次试行这样的复习策略，当然是满怀期待，周末检测完以后，我们数学组的全体教师赶紧将试题进行了批阅，结果还不错，效果比较明显。

通过本周的实践，我发现还存在一些问题。一是测试题质量有待提升，第一轮应侧重基础知识的巩固和应用；二是运算量相对较大；三是学困生对老师强调的典型题型掌握得不够好。针对以上问题，我们要不断改进和完善复习的方式方法，以激发学生的学习激情，提高学生的学习效率，使学生掌握更多的学习技巧。

那些“爬黑板”的孩子们

王丽娜

这两天，春雨许是恋上了北方的这片黄土地，总是隔三差五地光顾这里。瞧，一大早就密密地斜织起来，霎时，如烟似雾的雨纱轻轻地飘落……嫩芽、柔梢、小草娟然如拭。花园里落红点点，大概看到湿漉漉的地面“晶晶然如镜之新开”，它也想照个影儿吧！顶着斜风，沐着细雨，我走进了初三（3）班的教室。自从实行分层导学之后，学生学习劲头十足，每个人都在拼命追赶比自己更好的同学，这让我感到很欣慰。

“老师，我又做错了一道题。”

“嘿嘿，我这次全对了。”

“老师，我已经复习到初二的古诗文了。”

……

那些“爬黑板”的学生迫不及待地向我展示他们的成果。看着他们或遗憾或期待的眼神，听着他们或沮丧或惊喜的话语，我有点感动。

最近，初三年级的阶段性专题复习正在紧张有序地进行。我根据成绩把班里的学生分成两队，一队名曰“探路者”，由学习好的学生组成，由其队长带着他们向着胜利冲刺。另一队名曰“火焰号”，由学困生组成，由我带着他们紧随其后，我们还悄悄“密谋”了一个三步走计划：跟—追—超。虽然他们是一些成绩相对靠后的学生，但我相信只要行动起来，他们一定可以创造奇迹。因为他们就像一张从未拉开的弓，谁也不知道他们潜藏的力量究竟有多神奇；因为他们就像一朵未曾盛开的花，谁也无法想象他们开出的花朵是何其美丽。于是，在每个早读、晚自习的时候，教室的黑板前便站满了学生，他们自己出题，自己做，自己修订。一天，一个字写得特别慢的学生拿着书和笔让我给他勾画重点。

“最近复习的内容能记住吗?”我问道。

“昨天还记得——今天又忘了。”他一脸无奈地说。

“没事，正常的，学习的内容如果不及时巩固复习，第二天肯定就忘得差不多了，但是忘了我们可以再记呀，慢慢就记住了。”说着我随手翻开早读时给他们拍的照片，“看，你多认真啊，我相信你一定会给大家一个惊喜，当然也给自己一个惊喜!”他的眼里掠过一丝光亮，我想那就是希望和信心吧。后来他在作文中写道:“我知道自己是一只蜗牛，可是蜗牛也有属于自己的梦想!”

看，孩子们又“爬”在黑板前默写古诗词了，此时此刻，他们可爱的背影就是这个春天最美的风景！窗外，绵绵细雨依旧不知疲倦地擦拭着大地，一棵小草小心翼翼地托起一滴晶莹的小水珠在雨中静默着……

我想，正因为这些种子在泥土里积蓄力量，破土而出，才有了这满园伸展的绿，也许只有学生发自内心的力量才能让他们与梦想越来越近！那润物细无声的春雨似乎也落进了孩子们的心田，因为我听到了生命拔节的声音!

方 略

刘永胜

时间过得飞快，本学期的第四周已经结束了，按照学校和年级的要求，初三年级学生要实行“周周清”制度。在星期六的早上我对初三（9）班和（10）班两班的学生进行了初步的测验，测验结果显示（9）班过关人数较多，而（10）班较差。

下午到校，我对照前 4 次的月考成绩把（10）班的成绩进行了详细分析，结果发现很多学生成绩不稳定，而且全班总体成绩较差。思考很久，我决定改变复习方法。

1. 改变教学方式

初三年级数学课已经上完，进入了紧张的复习阶段，有很多知识点都要重复去讲，这使得部分学生产生了厌学情绪。所以我想利用学校新配置的多媒体改变教学方式，提高学生学习的兴趣，调动学生学习的积极性。

2. 区别对待，因材施教

距离中考已经不到100天了，想要把所有的学生都培养好，是不现实的，所以要根据学生基础的不同对学生区别对待，为其制订不同的学习任务，进行分层导学。

3. 天天清，个个清

学校建议初三年级复习时实行“周周清”策略，而数学学科知识点较多、较细，又很灵活，要周周清就必须天天清。（10）班学生学习习惯较差，很多学生不认真对待老师布置的学习任务，都想“蒙混过关”，要想把天天清落到实处，就必须做到个个清。

4. 沟通交流，做好心理辅导

临近中考，部分学生会因紧张或其他原因产生心理问题。只有多与学生沟通交流，解除他们心理上的问题，其学习才有保证。

以上只是我对所带两个班数学复习策略和方法的一点粗浅想法，我把它简称为“方略”。

从教师的感悟可以看出，他们是认同我的分层导学的，而且他们在实施过程中融入了自己的智慧和策略，使得教学效果更高效。

要打造一支专业、高效的教师队伍，光有想法、有点子是不够的，还需要有落实这些想法和点子的决心和策略。实践告诉我，制订策略的人不率先垂范、身体力行，任何优秀的方略都是一纸空文。

如何增强主题班会的实效性

在班集体中，常会出现一些不和谐音符，有学习方面的，有人际关系方面的，有纪律、卫生方面的，等等。解决这些问题的办法有很多种，我认为通过召开主题班会解决班级问题是一种比较好的策略。

我每天早晨到校都比较早，到校后做的第一件事就是巡班，观察各班学生的状态，进班与学生进行沟通，以了解学生的现状。经过了解，我发现大部分学生的学习劲头不足，没有认识到时间的紧迫性和学习的重要性。于是我决定召开相应的主题班会，有针对性地解决学生的思想问题。

为了增强主题班会的实效性，我专门设计了一个主题班会登记表（见下表）。

主题班会登记表

时间		地点		班级	
参加人		主持		出席教师	
主题					
起因					
要达到的目的					
过程记录					

（续表）

形成的结论					
制订的措施					
措施落实情况					
措施落实过程中暴露的问题					
解决的办法					

如初三（8）班存在的问题比较严重，学生没有进取心，最为严重的是大部分学生与英语老师搞对立，影响了整个班的学风。因此，我决定亲自参加他们的班会，以点拨、激励学生。我和该班班主任慕亮老师商议，此次主题班会一定要尽量开得容易让学生接受，于是我们找来（8）班的班长和另外几个有组织才能的学生，与他们共同策划了这次主题班会。班会如期召开，非常成功，达到了预期的效果。班主任记载了这次班会的实况——

昨天晚自习，我们班举行了“尊师重道，冲刺中考”的主题班会，杨主任、陈主任及各任课教师都参加了班会，并给学生提出了一些建议。

班会分为三个环节：一是尊师重道教育；二是冲刺中考动员；三是学习方法指导。

首先，主持人程倩和王帅巧妙地以问句开头：“在同学们眼中，老师是一个怎样的人呢？”几名学生便迫不及待地说出了自己心中老师的形象。接下来，刘向、邓富、李兴龙等学生通过演讲，指出尊师重道是中华民族的传统美德，我们应该将这种美德发扬光大。其他学生也畅谈了自己的尊师观，大家明白了该如何做到尊师重道。

在冲刺中考动员环节，老师对中考进行了诠释，引导学生面对中考，不能胸无大志，要有一种吃苦耐劳的精神。接着，老师问全班学生，他们的目标是什么？他们的学习计划是什么？并请学优生谈了自己的学习经验。这一环节让学生受益匪浅。

……

人因梦想而精彩，张振彪与李瑞两位同学深情地演讲了《拼搏与梦想》；袁丹、黄娜等同学也做了精彩的演讲……

最后，各位老师依次对今天的主题班会进行了评价。郭国斐老师形象生动地描述了我班学生目前的学习状态："同学们的学习激情是无法用二氧化碳熄灭的，同学们的学习信心如同镁条在氧气中燃烧发出耀眼的白光……"英语老师用一个数学概念激励学生向前、向上；语文老师则用最通俗的语言激励学生："我看好你们……"

杨主任把往年中考的分数进行了分析，并与学生共同讨论考高中的难度。一番讲解后，我感觉学生有了紧张情绪。杨主任讲完后，亲自改编了我班的口号：拧成一股绳，劲往一处使，心往一处想，共圆一个梦。

在一片雷鸣般的掌声中，这次主题班会落下了帷幕。

在这次班会上，学生的表现完全超出了我的意料，没有想到，他们能给我这么大一个惊喜。举行这次班会的目的，就是希望学生能懂得尊重教师，正确对待学习，树立自己的目标，并付诸行动。我的目的达到了。我相信：只要努力过，拼搏过，希望便不是梦。

主题班会中的个性化指导

2013年11月11日下午4时，受赵金龙老师邀请，我参加了初三（4）班的主题班会。走进教室，黑板上写着班会的主题“我想说，我想做，我想进步——”这个主题很特别，看得出这个班的学生聪明，处处透露着才气。

教师在黑板的正前方坐成一排，学生在教师面对面坐成U字形。主持人胡亚彤致了开场词后，优秀学生代表马子晴就本班的学习状况进行了分析，指出部分学生抄作业、不学习、老师讲课时心不在焉、课前不预习、不懂学习方法、团队意识淡薄等问题，我一边听，一边把这些问题写在黑板上。

马子晴同学讲完，赵兴礼、牛丛儒等代表进步学生谈了自己的学习方法。随后，主持人提议请任课教师为学生指导学习方法。最后，由我做总结发言。

我首先肯定了该班的优势：聪明学生多，有激情。但也借马子晴的话指出了他们的不足，对于这些不足，大家都是认可的。

我简要地反馈了上周全县新课改现场会中关于我校的情况，重点指出目前我校是全市关注的新课改学校，各方面的工作都受到了与会领导的肯定，作为环县五中的一员应该感到自豪，同样，作为环县五中的学子更应该为母校争光。我又简要地介绍了第一届初三学生的做法。

我的铺垫工作完成后，开始进入主题，为同学们“开药方”，解决班里存在的问题。

关于“抄作业”的问题。我问学生，为什么要抄作业？这样做对学习有效果吗？学生回答说：“不会做，害怕老师批评。”“没有作用。”看来，这个问题的根源还是在教师身上。教师布置作业时“一刀切”，有些学生没有能力完成，为应付老师检查，只好抄作业。为了解决这个问题，我要求班级开展“周周清”教学活动。每个周一，教师要给学生交代清楚这一周的学习任务和学习目标，当然这个任务、目标是分层次设置的，然后每个学生要根据任务和目标制订相应的学习计划。

目标很重要。

初三（4）班下一阶段的目标是什么呢？我提议，初三（4）班下一阶段的目标就是超越初三（3）班。（3）班、（4）班的任课教师是一样的，学生基础也差不多，升入初三后（3）班的学习劲头明显高于（4）班，在前两次月考中平均成绩都比（4）班高。我详细地分析了这两个班的班情，找出了差距所在——数学学科，要超越（3）班，就必须把数学成绩提上去。这是大目标。各组还要制订相应的小组目标，组与组之间展开竞争，使班中呈现“你追我赶”的局面。每个同学也要给自己制订相应的目标。把这三维目标与每周的学习任务相结合，学生就有了学习的动力。有了动力，学生就能够把任务转化成需要，把被动的完成学习任务转化成主动的学习需求。这时，教师不需要布置任务，学生就会主动找题做。教师的责任就是明确目标，分配任务，帮助不同层次的学生制订学习计划。

学生非常赞同我的观点。教学方法只要让学习的主体——学生认可，操作起来就方便多了。

这个问题解决后，我以这次月考进步较大的赵兴礼、董涛、吴娜、牛丛儒、陈晗等学生为榜样，号召其他学生向他们学习，学习他们的勤奋刻苦。我又列举了几名后进生，我问他们谁在学习上像赵兴礼那样下功夫，他们都摇头。我说：“赵兴礼能做到，你们为什么做不到？吴娜能做到，你们为什么做不到……”从大家的表情，我知道我这一“叫板”起了作用。

再谈“团队意识淡薄”的问题。我问学生：“一根筷子你能折断吗？”

“能——”学生异口同声地回答。

“一把筷子呢?”

大家沉默了。

(4)班的学生喜欢运动，尤其是篮球打得非常好。我投其所好：“你们打篮球时是一个人打，还是几个人一起打?”

同学们笑了，觉得我怎么会提出这么幼稚的问题。

“打篮球时五个队员需要不需要相互配合?”

这下，大家又沉默了。

于是，我向他们阐述了集体、团队的重要性，使他们认识到团队合作的重要性。

关于“学习方法”的问题，我向学生介绍了德国心理学家艾宾浩斯的遗忘曲线和我自创的以写代背法。

我很信服德国心理学家艾宾浩斯的遗忘曲线。他指出人们在学习中的遗忘是有规律的，遗忘的进程很快，并且先快后慢。根据遗忘曲线来进行记忆可以事半功倍。

通过遗忘曲线会发现，学得的知识在一天后，如不抓紧复习，大约只剩下原来的25%。随着时间的推移，遗忘的速度减慢，遗忘的数量也就减少。有人做过一个实验，让甲、乙两名学生学习一段课文，甲在学习后不复习，一天后所学知识大约只记得36%，一周后大约只剩13%。乙按艾宾浩斯记忆规律复习，一天后所学知识大约记得98%，一周后还记得约86%。乙的记忆明显高于甲。

学生睁大了眼睛听我讲解，看得出他们需要这样的指导。

“考试时，是让大家写还是让大家背?”

学生笑了，我这是明知故问。

“在考场上出现过这样的现象吗?能背出来，却写不出来。”学生兴致很高，七嘴八舌地喊道：“有！有!”

“这就说明写很重要。眼过千遍不如手过一遍，我们应该多写，以写代背。”

我引导学生认识默写的重要性，凡是能够默写出来的，肯定能够背过，而背过的目的还是为了写出来。我列举了上届学生王亚娟等采用以写代背法大幅度提高了英语成绩的事例，进一步引导学生在今后的学习中要学会默写，并要求他们写规范、写整齐、写美观。

下课铃响了，班会在各组的宣誓声中画上了句号。

王丽娜老师说我讲得太好了，应该录下来在各班播放。我摇摇头，班情不同，方法也不同。

接下来我还要参加初三（2）班的班会。（2）班的班情与（4）班不同，我还需要准备一下。

晚自习铃响后，我与任课教师如约走进初三（2）班教室。

（2）班的班会主题是“打不倒的初三（2）班”。黑板上还有小标语“我是打不倒的‘小强’”“博展风采”等。

班会的第一个环节，由值周组组长反馈本班上周的学习、纪律等情况，各组的得分都是负分。这个班未升初三前在管理和学习方面都是比较突出的，新课改推行的也不错，但升入初三后，学习成绩整体下滑，班主任和任课教师都很着急。

我根据观察了解到，这个班的学生不会学习，所以我的任务就是给该班学生介绍科学的学习方法。我总共介绍了三种方法：记忆法（根据艾宾浩斯的遗忘曲线进行记忆的方法）、过滤学习法、以写代背法。

记忆法和以写代背法在（4）班曾经讲过，而（2）班和（4）班关系很好，很多学生已经从（4）班学生的口中得知了这两种学习方法，所以在（2）班我重点介绍了过滤学习法。过滤学习法是我学习书法时悟出的，它与学校目前推行的“五步三查”课堂教学模式的流程很相似。但教师们习惯把“五步三查”作为一种课堂教学模式，而没有将其转化成一种科学的学习方法。于是我从解读“五步三查”法入手，讲解过滤学习法的妙处。学生听得津津有味，并认识到这的确是个好方法，如果与遗忘曲线结合运用，效果更佳。

最后我和同学们一起制订了下次月考的目标：超过（4）班，赶上（3）班。

在经久不息的掌声中，班会结束了。同学们意犹未尽，还在激烈地讨论着……

齐进步，齐绽放

——初三（3）班主题班会

班会时间：2013年11月12日晚自习

班会地点：初三（3）班教室

参加人员：初三（3）班全体学生、全体任课教师，教务处主任杨树岳

主持人：王富霞（以下简称“王”）　耿思雯（以下简称“耿”）

合：敬爱的杨主任，尊敬的各位老师，亲爱的同学们，大家晚上好！

耿：第二次月考已经结束，虽然我们班的成绩名列全年级第二。

王：但我们仍在很多方面存在问题。例如，学习技巧、学习方法、厌学情绪等。

耿：今天，我们就围绕上述问题展开本次主题班会——（3）班人，齐进步，齐绽放！

王：也许很多人心中都藏着一个梦想，对外面的世界充满好奇，渴望去发现、去探索，想要自由自在地去看看这个世界。可现实的各种困难却束缚了我们的脚步，溅起的雨滴泥泞了我们的道路，但我们依旧坚定地说——

合：（3）班人在，一直都在。

耿：我们曾经用庄生梦蝶的痴迷将自己困锁在悲伤的蚕茧里，错过了身边的点滴美好。诚然，“朝饮木兰之坠露兮，夕餐秋菊之落英”的风韵已

难寻觅。但我们只需守住一颗最美的心，便能收获最美的风景。

王：在风景的那一端，总有一个带领我们共同进退的人，掌声欢迎杨海昕为我们讲述（3）班那些你不知道的事。

杨海昕：不知不觉，三年时间已从我们身边悄然流走，在这三年里，我们一起哭、一起笑、一起快乐、一起悲伤。但同时我也发现了我们班同学存在的不足，下面我为大家总结一下。我先来说下好的方面。第一，小组长能够很好地起到带头作用，同学们也能做到不耻下问。第二，到了初三，同学们都意识到了学习的重要性。第三，也是最重要的一点，那就是我们班同学的“三不怕”精神——不怕失败与挫折、不怕冷眼与嘲笑、不怕辛苦与流汗。我们奋发图强，赢得了让我们自豪的年级第二名。但第二名不是我们的终点，我们的道路在前方，我们要永不停息地前进。

我们也有很多不足之处。

第一，自控能力弱。当老师不在教室时，我们班同学如同一只“火药桶”，只要有一粒火星就能将它引爆。

第二，太以自我为中心。做自己的事，不顾及同学的感受。

第三，找不到方向。以月考计划为例，有目标却不能为实现目标而努力。

第四，喜欢随波逐流。这种现象非常普遍，当学习好的同学说出自己的观点时，其他人就会随声附和。

这是我为大家总结的我们共同的缺点，希望在我们的共同努力下，能改掉这些毛病。

耿：同学们，你们被触动了吗？下面掌声欢迎我们班最优秀的小组——study 小组的代表张静发言。

张静：在这里，我作为初三（3）班 study 组的组长，为我们组连续荣获班级第一名而感到自豪。付出和收获是成正比的，我不能说我们每分每秒都在学习，但我可以肯定，我们今天的成绩与我们的努力成正比，我们完美地诠释了新课改精神，小组成员的默契配合，让我们 study 组一鸣惊人。有人说，我们组能取得今天的成绩，完全是因为我们组有很多好学生，但我想告诉大家，我们有今天的成绩完全是因为组员的勤奋好学。study 组合作意识很强，这是我们不断进步的最大原因。

我们成绩确实很好，但绝不是巅峰，我们会不停地蜕变，会超越自己，一次次到达更高的目标。study 组的成员，你们准备好了吗？

王：是啊，不能放弃自己的追求。他们向往第一，难道我们不向往吗？在我们求知的道路中，总会有这样那样的困难，但只要坚强、乐观地面对，就没有过不去的坎。下面由流星雨组的代表郭浩伟为我们讲述他们是如何跨过那一道道坎，勇往直前的。

郭浩伟：今天能以年级进步 30 分的小组组长身份站在这里，我感到非常荣幸、非常激动。在这个学期，我看到了每个组员的进步。我看到他们对自己说“我要加油，加油”。他们在课堂上开始活跃、自觉起来，让我自愧不如，今夜的荣耀应属于我们流星雨组的每一个人！我们不谦虚，我想号召各位，向我们学习。愿大家共同进步，谢谢。

耿：每一次考试都让我们学到很多。月考成绩优秀的同学，也如雨后春笋般涌现出来。这次月考成绩有进步的同学很多，让我们欢迎耿海霞同学和我们交流她的进步经验。

耿海霞：我这次之所以获得较大进步奖，是因为有老师和同学们的帮助，在这里，我要感谢我的老师和同学们。下面介绍一下我的学习方法，希望能给大家一点启发，如果有不当之处，也请大家为我指出，我们共同进步。“学习全靠自用心，老师不过引路人”，是我一直坚持的原则，两次月考下来，我感到初三的学习非常紧张，也非常艰辛，但我们必须坚持。

第二次月考后，我的进步很大。这次月考，我在班级中进步最大进步的科目主要是语文和数学，语文提高了 20 分，数学提高了 24 分。总之，这次的进步使我感到很意外。

付出就会有收获。我个人的学习方法就是坚持。在学习过程中，我每天积累知识，积累学习经验。考试前，我会把各科的题型回顾一遍，把老师强调的重点题型重点记忆一下，然后在考试时认真对待。在考试结束后，我会认真总结，反思此次考试的得失。

同学们，命运握在自己手里，为了我们能够拥有美好的未来，在这决定命运的时刻，放手去搏吧。

王：每个人都有独特之处，都有闪光点，我们要抓住时机，勇往直前。

耿：要拼，我们就要拼到底；要闯，我们就要闯下去。当然，我们也少不了引道路人的指引。下面请各科老师谈谈他们对我们班的印象。

王：您，善解人意；您，和蔼可亲。遇到调皮捣蛋的学生，您总是耐心教导。这就是我们最亲最敬的王老师。下面，有请王老师讲话。

王老师：亲爱的同学们，大家晚上好！首先，我感觉这一学期，我们班同学有了很大转变，知道自觉、主动地去学习了，这一点让我很欣慰，也很开心。其次，我希望同学们能够认识到学习的重要性，在学校里遵守纪律，不要再让老师为你们操心。最后，我想告诉你们，为了你们精彩的明天，努力奋斗吧！

耿：您，有时严厉，有时可亲，你不但要照顾自己的孩子，还要照顾我们这帮不听话的学生，可您从不言弃，让我们打心底喜欢上英语课。若要问我，敬佩之师是谁，李老师是也。让我们掌声欢迎李老师。

李老师：同学们，晚上好！这次月考，总的来说，我们的成绩有了很大的提升，我也看到了同学们的努力。尽管我们的成绩提升了，可这还远远不够，我希望同学们能再加把劲，超越自己。

……

王：同学们，你们发现了吗？今天有一位新成员，那就是杨树岳主任。杨主任在百忙之中抽出时间来参加我们的主题班会，首先让我们用热烈的掌声欢迎杨主任，下面有请杨主任讲话。

……

首先，我分析了（3）班初一进校时的班级构成情况，同时也对其初二的学习和纪律方面进行了评价，表达了我对该班这两年情况的不满意，特别是该班成绩下滑严重。

接着，我对该班初三前的两次月考成绩进行了全面分析，同时进行了对比分析。

优点：整体成绩较好，300 分以下的学生较少。数学、化学两科的成绩较为突出，语文进步较大。

缺点：学优生较少，年级前 20 名没有该班学生。部分学生学习状态不佳，上课听讲不认真、课下抄作业。

鉴于此，我给予了该班相应的指导意见。

1. 分析了该班明年的考试目标：100％的学生要考上高中，40％的学生要考上环县一中，其中20％的学生要进入环县一中的重点班。

2. 分析了今年全县各校的录取分数线，以及全县音乐、体育、美术特长生的招生情况，让学生摆正自己的位置，明确努力的方向。

3. 分析班内个别学生的问题，建议学生特别是350分以下的学生，可以考虑发展特长。

4. 讲解遗忘曲线，让学生根据遗忘规律进行记忆。

5. 针对该班抄作业现象严重，我提倡教师进行分层次导学，布置一周的学习任务，当学生完成后，就可以有选择地去学习其他知识，如果周内没完成，剩下的任务就作为本周末的学习任务。这样就能做到"周周清"。

6. 对我校的"五步三查"学习模式进行全面分析。我们的这种学习模式实际上是对学习任务的分解，把一个人的问题变成几个小问题，然后通过自学、对学、群学、小展示等方法解决一部分问题，再通过大展示（班级展示）和教师的点拨，使问题全部得到解决。

7. 通过调查该班学生的时间安排情况，我发现他们的时间安排很不合理，于是我指导学生科学合理地安排时间。

8. 对手机的危害性进行讲解。

之后，(3) 班班主任高老师进行了总结发言：

第一，听了杨主任的分析，我认识到我们每个同学都应该制订自己的奋斗目标。

第二，我们要明确学习目标，端正学习态度，为我们的目标而努力，在学习上要互帮互争。

第三，我们要劳逸结合，这样才能保证有充沛的精力，去完成我们的学习任务。

这次班会之后，我对该班进行了仔细观察，发现该班学风有了明显好转，成绩也有了提高。

一个也不掉队

——初三（5）班主题班会

首届初三（5）班是初三年级八个班的榜样班，自组建以来，每次成绩检测都是年级第一。其中的原因是多方面的。第一，班主任李占霞是从环城初级中学调来的骨干教师。第二，英语教师张颖善于激发学生的学习热情，使该班英语成绩整体水平较高。第三，在李老师及其他老师的共同努力下，这个班形成了良好的班风。我多次深入该班，给学生鼓劲打气，我希望所有学生都能够考上高中。初三（5）班结合我的建议，组织了“一个也不掉队”的主题班会，很精彩，效果很好，感动了在场的所有老师。

主持人：扈甜（以下简称“扈”）　温玉环（以下简称“温”）

扈：敬爱的老师！

温：亲爱的同学们！

合：大家晚上好！

扈：感谢各位老师在百忙之中来参加（5）班的主题班会——

温：一个也不掉队。

扈：中考的号角已经吹响。

温：中考的脚步越来越近。

合：我们初三了！

扈：中考之后，我们该何去何从？

温：我们的命运又将如何？

合：让我们大声宣誓，表明自己的决心：我们都要上高中。

扈：要考上高中，必须努力，可有些同学还在自暴自弃，因为他们不清楚自己的使命，不珍惜自己的学习机会。下面请张思琪、杨柳为大家讲述一个感人的故事。

……

张小霞：听了张思琪和杨柳为大家讲述的卿远香的故事，大家的心是不是在颤抖呢？现在的我们可以坐在这里学习，而几十年前的卿远香却在因辍学而哭泣，因寒冷、饥饿而哭泣。上帝对我们这一代人已经很眷顾了，可是回头想想，生活中的我们合格吗？

一天晚上，一进门妈妈就问我："这次考得怎么样？"

"不咋样。"我随口应了一声。这次月考退步对我的打击很大，我心中自然不开心。

"有作业吗？"妈妈又问。听到这句话，我很生气。自从升入初三，我哪天不是背着沉甸甸的书包跨进家门，我都初三了，到最辛苦的时候了，可妈妈怎么不理解我？怎么就不能让我安静会儿呢？

"妈妈，你以后可不可以不问这些无聊的问题呀？"

妈妈诧异地坐在沙发上不再说话。我开始做作业。

"姐，你以后可不可以少抱怨呀？整天就会冲自己家人发脾气，妈妈是在关心你。"弟弟对我说道。

"只要能看着你们姐弟长大，我就心满意足了。"妈妈说这句话时，眼睛里分明有泪花在闪动，可她还是掩饰过去了。听到这句话，我有种想哭的冲动。自从升入初三后，我经常和妈妈吵架，妈妈肯定很伤心。妈妈多想考试后能听到我对她说"妈妈，老师说我进步了，让我继续努力"，可我的一句"不咋样"，像冰雹一样击碎了她心中的期待。

亲爱的同学们，之所以给你们讲这件事是希望大家明白，在我们身后，一直都有一双期盼的眼睛，因此我们必须"努力，努力，再努力；学习，学习，再学习"。

同学们，请大声告诉我，我们初三（5）班的目标是什么？（学生喊出目标"一个也不掉队"）对！"一个也不掉队。"这就意味着我们初三（5）

班的同学要全部考上高中，不能有一位同学被挡在高中大门之外。作为初三（5）班的学生，我今后一定努力学习，不骄不躁，明年一定考入环县一中。

扈：听了张思琪和杨柳讲的故事，我相信每个人心里都会有一些感悟。那么，我就把我的感悟说一说吧！

我们比卿远香幸运得多，因为我们能坐在宽敞的教室，得到很好的教育，拥有许多人的关心。但有些人还不满足。大家有没有想过你的未来是怎样的，有没有想过你该怎样努力。虽然卿远香生活坎坷，但她凭借自己的努力、汗水和坚强，成功到达目的地，她一直为“我要上学”这一目标而奋斗、努力。我们比她幸运太多了，我们的机会比她也多太多了，可我们有些人为什么不能把握住呢？

珍惜我们所拥有的一切，好好学习吧，这是我们对所有关心我们的人最好的回报。对于山里的孩子来说，能够读书就是他们最大的幸福。那么，我们上学又是为了什么呢？

每次看到父母那根根银发，不知大家心里会不会有所触动？为了我们，他们从没一句怨言，而我们是如何报答他们的呢？还有我们的老师，他们为我们费尽了心血，我们珍惜过吗？

为了这来之不易的学习环境，为了父母、老师，更为了自己，我一定要考上理想的高中，向胜利的终点冲刺。

温：这个故事让我看到，我们是多么幸运。下面有请黎宁为我们表明他的决心。

黎宁：老师、同学们，大家好！很高兴能作为学优生代表发言。

有人说，成功的人生需要正确的规划，你今天站在哪里并不重要，重要的是你下一步迈向哪里。我相信，付出一定会有收获。

记得小学时我的成绩并不好，整天浑浑噩噩混日子。直到与班上第一名的同学成为同桌后发生的一件事使我认识到自己是在浪费时间。一次，我向同桌询问学习方法，他的一席话惊醒了我：“如果立刻行动起来，还能有所收获。但如果不努力，那就肯定什么也不会得到！”我暗暗将这句话铭记于心。

升入初中后，我每天都会将这句话默念几遍。这给了我很大动力，使我一直坚持努力学习。直到后来，我的成绩排名年级第三，这是我从未想过的事情，我自己都很吃惊。但这也让我认识到，成功永远只会眷顾勇于奋斗的人。

可能是成功麻痹了我，后来我滋生了许多不良习惯，但在初三这一阶段，我渐渐认识到，人人都在为梦想奋斗，没有人会和你在玩耍中沉沦下去。

希望各位老师与同学们为我做见证，我将会在这一年的时间里，在自励中奋斗，在奋斗中反省，在反省中思考，在思考中进步。

同学们，让我们一起奋斗吧！华罗庚曾说过："勤能补拙适良训，一分辛苦一分才。"让我们牢记这句话，默默坚守。我相信，高中的大门会为我们这些奋斗的人敞开！

扈：听了黎宁的发言，相信大家也会为自己定一个目标。下面让我们分享一下吕彦勋不掉队的决心。

吕彦勋：以前，我向往读初三，因为我向往自由。现在，我经历着初三的生活，体验着初三学子的喜怒哀乐。

升入初中后，班里的同学来自不同的学校，彼此还不熟悉，班干部一般都由老师指定。一天，我和几个小学同学再次相聚，大家都说班里选的班干部都是根据成绩单挑出的好学生。顿时，我的内心燃起一团火焰。为什么？难道我们这些"差生"就不能当班干部吗？于是，我暗暗下决心，一定要好好学习，我要让别人对我刮目相看，我要考入环县一中。

所以，请同学们一定要好好学习，我们是环县五中的第一批毕业生，这意味着什么？我想同学们都清楚！如今我们在校的时间只有一年了，短短的一年时间眨眼就过，请同学们一定要抓紧时间学习。希望我们都能考上理想的高中，完成父母的心愿，也不让自己失望。所以，请同学们一定要履行自己的诺言——一个也不掉队。我能做到，你们呢？

温：相信大家都听到了吕彦勋的承诺，那么你们能不能不掉队呢？相信大家都能说到做到。下面我们来听听拓雅姝的演讲。

拓雅姝：尊敬的各位领导、老师，亲爱的同学们，大家晚上好！

我叫拓雅妹，今天作为一名中等学生代表在这里发言。首先，我感谢两年来关心我的老师，帮助我的同学。

大家都知道，初三的我们，每天几乎都过着三点一线的生活，十分忙碌，我想告诉大家，我们不要抱怨、不要放弃，要树立信心，实现梦想。有信心的人，可以化渺小为伟大，化平庸为神奇。因此，大家既不要因为竞争激烈而背上思想包袱，也不要因为基础差而自暴自弃。我们应当相信一分耕耘一分收获，所有的付出都会有结果，所有的付出都会有收获。月考的成绩时高时低，这很正常，我们不能只看成绩单，而要在每次考试后寻找失败的原因，总结经验。面对中考，我们要不匆忙、不紧张、不放弃，我们要有信心。我们要全力以赴，实现梦想。中考的号角已经吹响，我们要扬帆起航。人生是船，自信是帆，而我们就是舵手，不到最后不放弃。

我们要知道，真正的中考胜利者并非只属于那些成绩优秀的学生，还属于乐观、自信、全力以赴的我和你。

亲爱的同学们，这个世界上没有绝望的处境，只有对处境绝望的人。弱者等待机会，强者创造机会，我们要做青春路上的强者。今天我向大家承诺，我会以满腔的热情投入到今后的学习中去，我会发扬长项，弥补弱项，在以后的月考中不断进步。从现在起，我们比努力，不比智力；比终点，不比起点。我坚信，我能考上理想的高中。

尊敬的老师们，我忘不了你们和风细雨般的话语，荡涤掉了我心灵上的尘泥；忘不了你们如东风般的叮咛，鼓起了我奋斗的勇气。踏遍心田每一角，踩透心灵每一寸。请你们相信我不会辜负你们对我的殷切期望。作为环县五中第一届初中毕业生，我们会用汗水浇灌希望，用努力博取辉煌的明天。

扈：相信大家都是拓雅妹所说的“创造机会的强者”，在逆境中不屈不挠，坚持向上。下面就让杨明说说他是怎样进步的吧！

杨明：升入初三，我们都努力奋斗着，虽然我的学习成绩不是很好，但这一次我考了 331 分。我以后会更加努力。还有 4 次月考，如果每次月考我都能提升 30 分，4 次就能提升 120 分，这样我就可以考上高中。我也希望在座的同学们，不要气馁，相信自我。让我们一个也不掉队，一起走向高中的大门。我们不要为一次不理想的成绩一蹶不振，而要勇敢地面对生活中的每一次挫折。不经历风雨，怎能见彩虹？不经历寒霜，哪来梅花香？

我希望在座的和我一样的待优生，都能坚持走完这漫长而艰难的道路，考上自己理想的高中。大家有没有信心？

扈：“阳光总在风雨后，乌云上有晴空。”我们要相信自己。下面让我们认真倾听李继梅的发言吧！

李继梅：老师、同学们，大家好！今天我演讲的题目是《一个也不掉队》。

在茫茫人海中，我们都是人生之路上的匆匆过客。或许你曾优秀过，或许你曾因不够优秀而自卑过，由于自卑，你总认为命运在捉弄自己。其实你不必这样。为什么总把欣赏的目光投向他人？让我们也来欣赏一下自己，这样你就会发现，你和别人一样，你也是一处风景，有阳光，也有空气，也会有寒来暑往的忙碌……

露出自信的微笑，面对生活，面对挫折，大家都要不掉队，不要总把自己关在象牙塔里，要知道雄鹰总会冲破囚笼，飞向广阔的天空。

在步入这所学校时，看着那尚未建设好的校舍，我们都曾唉声叹气。可是这从来没有让我们对这所学校失去信心，因为我坚信，刻苦的环境能造就人才，我们追求知识的信念不容置疑，我们在努力，我们在拼搏。

作为环县五中的第一届学生，我们要扬起风帆，在如火的六月一飞冲天。

口说无凭，行动才能证明一切。

以前，我不够自信，不够坚强，总是觉得自己不够好，而现在，我通过努力，取得了一点成功。也许我的成绩没有其他同学好，可是，我进步了！我相信，只要坚持下去，美好的明天会向我招手！

同学们，我们只要努力拼搏，竭尽全力，就一定不会掉队。

温：克服自卑，相信自己，不要使自己一直陷于自卑的情绪中。下面让我们一起听一听魏娜同学的发言。

魏娜：石墨和金刚石是同素异形体，这一点学过化学的人都知道。然而，美国一位科学家却将石墨加热到2000℃并加压到5万至10万个标准大气压，使石墨变成了金刚石．这不仅使我想起了一句名言：“奇迹往往是在压力中产生的。”石墨如此，人不也是如此吗？

在人的一生中，压力是无法避免的。19世纪，法国著名作家巴尔扎克，也曾走过一段由“石墨”变为“金刚石”的坎坷道路。他早年从商，惨遭失败，负债累累。为了还债，他不得不夜以继日地勤奋写作。正是因为面对强大的压力，他才有了写作的动力，写出了几十部长篇小说。从巴尔扎克的成功之路可以看出，不仅仅是压力对他的成功起了催化作用，自身的追求和奋斗也是他获得成功的重要条件。人生，不应该平平庸庸，碌碌无为。压力时刻伴随着我们，然而压力并不是阻力。相反，乐观主义者会把压力作为人生道路中的一种动力。没有压力就没有奋斗，没有奋斗就没有成功。

现在的我们，正处在重重压力之中。面对压力，我们有两种选择，要么急流勇退，要么知难而上。十年寒窗苦读，谁愿将心血付之东流呢？莘莘学子自然该信心十足，意志坚定，将压力变成激发创造力的源泉。

在竞争激烈的现代社会里，我们每个人都应该有点“石墨精神”，勇于承受压力、战胜压力，在压力中发愤努力，在努力中脱颖而出。一个人有了这样的精神与气概，成功怎能不属于他呢？

同学们，在压力中奋斗吧！

孩子们是纯真的，是有活力的，但是还要靠班主任的细致工作，学生的学习才能逐渐产生效果。初三（5）班班主任李占霞老师将自己的班级管理工作总结为如下几个方面。

一、日常管理常抓不懈，以此促进学生学习成绩的提高

到了初三，可能有些老师认为时间比较紧张，常规管理可抓可不抓，只要把成绩搞好就行了。恰恰相反，如果没有好的纪律和班风，没有好的学习习惯，要想提高班级的整体成绩就是一句空话。试想，一个自由散漫的班级，学生想干什么就干什么，作业可做可不做，怎能提高成绩？因此，升入初三的第一件事就是在树立班风和学风上下功夫。课堂纪律是我关注的重点。事实证明，我的思路与方法是正确的，不少学生的成绩都有所进

步，这也让学生真正意识到班级规范管理的重要性。

二、“打铁还需自身硬”，班主任要以身作则

班主任的工作非常辛苦，与学生接触的机会最多，对学生的影响也最大，班主任的一举一动对学生都起到潜移默化的作用。从接任（5）班班主任的第一天起，我就把在学生的心目中树立良好形象作为自己的目标。每天和学生交心、谈心，做到了嘴勤、腿勤和手勤。老师的率先垂范，比空洞的说教效果要好很多。

三、“松”“严”有度，惩罚“无情”却“有情”

教育是一门爱的艺术，既不能靠那些苍白无力的说教，也不能异化为扭曲的暴力教育，但没有批评和惩罚的教育又是不完整的教育。我对“闲事”管得比较宽。对于学生的课后活动情况、寝室表现情况、作业上交情况、各科的测试成绩等，我都要监控，并且如果有学生犯错误我都会严厉惩罚。刚开始有很多学生不理解，认为我管得太多了，太过严厉了，但过了一段时间后，他们慢慢发现，其实我并不是那么无情，我也会奖励表现好的学生，还经常和他们一起打篮球，一起聊天。

四、培养效率意识，提高学习成绩

作为班主任，我经常利用班会或自习时间指导学生如何提高学习效率，发动全班学生找出提高学习效率的办法以及阻碍学习效率提高的原因，并进行归类。阻碍学习效率提高的因素大致有以下几点：一是心理因素的影响，如被各种不利的心理因素所左右的灰心、忧虑、嫉妒、骄傲、思想包袱等；二是学习习惯的影响，如抄袭他人作业、作业不及时上交、错误不及时订正、已经会做的题目反复做、不会的题目不问老师和同学；三是违背学习规律，如教材中的内容还没弄懂，就去做一些偏题、怪题、难题，这也属于无效学习。我引导学生分析这些无效学习的害处，制订了减少无效学习的措施。学生找到了制约自己学习成绩提高的原因，有意克服，成绩得到不断提升。

五、精诚合作，形成合力

首先，要协调任课教师和学生之间的关系。班主任是任课教师和学生之间的纽带与桥梁，当学生和任课教师发生不愉快时，班主任要及时帮助

解决问题。

其次，班主任有责任协调各任课教师之间的关系。升入初三，各科的学习任务都比较重，作业量都比较大，各科教师经常会争抢辅导学生的时间。这时班主任就要做好协调工作，同时要求学生根据自身实际情况合理分配学习时间。

再次，班主任要顾全大局。我布置作业时都会先问一下学生今天作业多不多，然后根据学生已有作业的多少来布置作业任务，若有必要，以其他学科优先。班主任要多为任课教师服务，尽量满足他们提出的合理要求。另外，我经常通过课代表和任课教师了解学生其他学科的作业上交情况、考试情况，以及在学习中遇到的问题。

最后，我非常关注学优生的偏科现象，每次考试结束后，会把学生的弱科、及格学科的情况同任课教师交流，希望引起任课教师的注意，帮助学生奋力追赶。可以说，我们取得的成绩和各任课教师的辛勤劳动及我们团体的精诚合作、密切配合分不开。

六、召开主题班会，激发学习激情

紧张的复习和一次次的考试会使一些学生在某个阶段身心疲惫或思想处于消极状态，这时我们要及时采取措施帮助学生进行调整。召开主题班会是最快捷、有效的方法。

七、利用各种方法做好思想工作

初三下学期，许多学生在思想上出现了极大的变化，特别是不少学生已经进入反叛期，常常会认为自己已经长大，不再需要一些条条框框的约束，因而会在思想上麻痹、松懈。作为一名班主任，我适时地在学期伊始召开班会，让学生认识到遵守规范的重要性，从思想上给学生以深刻的教育。在实际工作中，我抓住学生日常学习生活中不遵守课堂纪律、课上睡觉、不完成作业，甚至与教师顶嘴的现象，让学生进行换位思考，让他们在反省中受教育，得真知，约束自己，从而培养他们良好的行为习惯。同时，积极开展文体活动，丰富学生的课余生活，引导学生将不良情绪宣泄出去，尽可能帮助他们调整心态，使之积极投身于班级活动中。

八、培养积极健康的心态

在班级管理中，对学生我坚持以鼓励为主。鼓励会使学生的心态更加积极、更加开放。鼓励的方式多种多样，一句热情的话语、一个赞许的眼神、一次亲切的抚摸，都能让学生心荡涟漪，如坐春风。学生在老师的鼓励下，更倾向于进行积极的尝试。如果学生在尝试中体验到成功，从此便有可能努力向上。老师对学生的鼓励以及对学生的肯定，可以不断筑高学生的起点，让学生产生前进的动力。

一分耕耘，一分收获，初三（5）班在中考中取得了可喜的成绩，是他们的坚持与努力促使他们创造了辉煌。

将课堂交给学生
——魏老师独特的复习指导法

时间过得很快，
不知不觉中——
昨天过去了，
今天过去了，
明天也将过去。
临近中考的日子，
担负变得越来越多，
师生的互动多了，
室友的交流少了，
对家人的照顾也少了。
临近中考的日子，
信念变得越来越强，
信念是一种支撑，
信念是一种力量，
信念更是一种行动。

这是魏素珍老师写的一首题为《临近中考的日子》的小诗。

魏老师很干练，对教材内容理解透彻，驾驭课堂的能力很强。

学校推行新课改，她积极响应学校号召，投身课改活动，成为新课改的领头人。

我校践行“学生主体，学情主导，教师助推”的教学思想，以学生的自主学习为主，教师的指导为辅。但到了初三，有部分教师又恢复了原来教师主导课堂的局面，而魏老师坚持用新方法，把学习的时间和主动权交给学生。

进入复习阶段后，我倡导教师分层设标，逐层晋级，按“五步三查”的课堂教学模式进行教学，但允许教师灵活运用各种教学方法，所以教师的教法各不相同。有一天，魏老师找到我说：“我最近有一种莫名的恐慌，其他老师都在讲，而我没有。我这样做把学生耽误了怎么办?”

其实我观察魏老师的课堂很久了，她完全领会了我提出的复习方法，在践行的同时还有所创新。我鼓励她：“不要担心，我全力支持你，有什么问题可以来找我，我们共同讨论解决。”魏老师如释重负。

“学生主体，学情主导，教师助推”这是高效课堂的指导思想，我觉得很科学。如果学生没有学习的热情，自己不主动，外力再强大也无济于事。如果教师不了解学情，依个人主观意识给学生布置任务，也会浪费学生的时间或者干扰学生的学习计划。魏老师深谙此理，她结合自己的教学实践，写了一篇题为《我的复习小做法》的随笔，阐述了她独特的指导方法。

第五次月考结束，迎来了初三第一轮复习，为了在短期内增质提效，按分层次教学指导方针，我在所执教的两个班中是这样做的。

先将学生定位（因刚开始时复习内容较简单，我将学生分成两类，A类90分以上的学生，B类90分以下的学生），再将一天的学习任务进行分配，如A类学生在课堂中先将《中考必备手册》的相关内容浏览一遍，然后在剩余的时间内完成能力评估卷，晚自习时要求他们结合自己的实际情况自由复习，必要时合作探究，以便全面提升学生解决问题的能力和速度。B类学生在课堂上先阅读《中考必备手册》，然后自学、对学《决胜新中考》（此书既有本节的知识点，也有考试类型、易错题，还有测试题），晚自习时则独立完成能力评估卷（量力而行，因人而异）。之后，我利用晚自习的最后十分钟，指出学生存在的问题。对于显性的问题，由A类学生予以展示，对于隐性的问题，由A类学生中的学优生或老师展示。最后，要求学生集中在纠错本中订正。

2013年7月13日，中考成绩揭晓，魏老师所带班级的数学平均成绩为95分，高于全县平均成绩23分。什么是高效课堂？我认为魏老师已经做出了很好的诠释。

2013年7月18日，在课改论坛上，魏老师做了题为《我的教育转身》的报告，在教师中引起了较大反响。

对于基础性的知识点，我努力为学生搭建和谐、平等、民主的平台，让学生通过交流合作完成。对于难度系数较高的题，我个人的主张是“在有限的时间里，该出手时就出手”。对于学生的学习，我所做的是唤醒他们学习的意识，点燃他们学习的欲望，激励他们学习的士气。对于学生的学习结果，我从不在课堂上公布成绩，而是关注他们每次的进步。

原来的任务菜单，都是“一刀切”，而现在是因人而异、因材施教、分层次教学、分层认领菜单、实事求是地执行菜单命令，由此做到了日日清、周周清。

学生对魏老师的感情像孩子对母亲一样。以下是一名学生毕业前给魏老师写的信。

亲爱的魏老师：

您好！

老师，您知道吗？我从上小学到现在，从未对一个老师有过如此深的敬爱之情、仰慕之心。但自从遇上您，我心里不知道多么高兴。您在我心里很重要，我都不知道该从何说起。

老师，在这里我就把我最想要说的话告诉您。老师，您真的太好了，我非常爱您。

老师，谢谢您！谢谢您这三年来对我无微不至的教导和关爱。我会把您对我们的这份爱深深地记在心里，把您对我们的这份爱带进考场，让这份爱鼓励我、激励我。老师，请您放心，我一定会考上理想的高中，将来实现我的梦想。我爱您，老师。

最后祝您身体健康、工作顺利。

您的学生：陈桃桃

纠错本的妙用

前几日校领导外出“取经”带回来一本“经本”——纠错本，复印后发到初三各任课教师及学生手中。老师们都说“这一套一套的东西太多，实施起来太麻烦，也没有多大意义”，当然我也是这样认为的。

我们复习阶段坚持的是“堂堂清、周周清、月月清”原则。每周日出一份本周所学全部内容的检测卷，以检测学生对知识的掌握程度。通过检测我发现有相当一部分学生对于学习任务没有全部掌握。我就要求学生将做错的题梳理出来并分析做错的原因，可是问题梳理出来后，下次考试时学生还会错，这说明学生平时错了、改了，但并没巩固所学知识。我们手中不是有本纠错本吗，为什么不将错题梳理到上面？

为了不让学生走弯路，并记住做错题的原因，我这样引导学生使用纠错本：将每周检测卷中做错的题写在错题栏中（包括错误答案），再将正确答案写在纠错栏中，最主要的是要用红色笔写清做错这道题的原因是哪个知识点没掌握导致的。当然，这个原因多数学生是自己找不出来的，于是我就要求每组的组长把组员的纠错本拿来由我来“诊断病因”。我还规定班上检测成绩在90分以上的学生可为“医生”，帮其他“病人”诊断“病因”。这样写下的“病历本”用途很大，学生不再盲目地复习了，也不用每次考试前把书或笔记本翻开从头到尾地看和记了。有了纠错本，学生复习起来就方便多了，学生根据纠错本中的记录，有针对性地进行复习，效率很高。而且，学生也在学习中找到了方法，找到了乐趣，这难道不妙吗？

这是化学老师郭国斐写的一篇题为《纠错本的妙用》的教学随笔。郭老师刚调入环县五中不久，担任四个班的化学教学工作，郭老师具有十多年的教学经验，对教材非常熟悉，上课从来不拿教材。第一次月考，郭老师所带学生的平均成绩比另一名化学老师李芳所带学生的平均成绩高了八分。

李芳老师初次教授化学，教材不熟悉，缺乏经验，虽然很努力，但效果不好。于是我让郭老师做李老师的导师。李老师很谦虚，教研意识很强。

随着时间的推移，初三年级全面进入复习阶段，我采取了一些新的措施，如分层次教学等。很多教师对此不适应，持观望态度。郭老师第一个响应，制订了化学学科复习的详细方案，与李老师率先推行。

在郭老师的带动下，教师们在指导学生复习的过程中，开始注重研究学生，注重使用科学的指导方法。李老师撰写的两篇小反思就是证据。

对初三化学复习分层次教学的感想

从本周开始，我们已经全面进入复习阶段，每个学科组都制订了复习方案，我们化学组是这样做的。

一是在每节课上课前要求学生通过复习课本内容完成基础知识梳理的任务，在课堂上给学生15分钟左右的时间去识记，识记完后，要求学生在剩余的时间里完成中考考题训练试题、甘肃省名师预测相关试题，由组长统计本组同学的疑难问题，在晚自习时统一解决。

二是晚自习除了解决课堂上学生的疑难问题外，还通过测试检查学生对本章知识的掌握程度，让学生通过做试题巩固所学知识。我们对不同层次的学生做试题的要求不同，初级学生不做难题、探究题，中级学生不做探究题，高级学生主要做难题、探究题。

通过这一周的复习，我发现了以下几个问题。

第一，本周我在对基础知识的处理上存在失误。原以为，基础知识只要让学生记住就行，可在学生做题的过程中我发现，有些学生就算把基础知识背过了，还是不会做题，所以，我觉得应该在课堂上将基础知识给初级的学生做简单的总结、讲解，让他们在理解的基础上识记。

第二，我对训练题的处理也不是很得当。本周我只是让学生自己找出疑难问题，然后我再帮助大家解决。我发现，学生只是简单地为完成任务而“填空”，他们不知道总结规律、寻找解题方案。所以，我应在课前准备一些针对性比较强的试题，帮助他们总结规律，教给他们解决问题的方法。

和学生打心理战

上周，我们化学组进行了第一次晋级考试，我要同时兼顾四个班的监考，我想，学生肯定会大抄特抄，但是在实际考试中，我发现大家都在认认真真答题，没有人作弊。原来学生已经认识到检测的意义了，我很欣慰。

检测成绩出来后，我们按规定，为学生颁发了相应的奖品。虽然奖品不是很丰厚，但足以激发学生学习的积极性，因为，这是对他们的肯定，表明他们这段时间的努力有收获了。当我们把奖品发给学生时，领奖学生的脸上露出着喜悦的表情，没得奖的学生露出失落的表情，我从他们的脸上读出了一句话：“下次我一定努力，我也要得奖。”

学生进入初三了，也进入了一个敏感的时期，稍有不慎就很容易走上歧途，所以我们在要求学生学知识的同时，也应该在生活上多关心、帮助他们。在他们受到挫折的时候，我们应鼓励、支持他们，而不要一味地批评与指责，不要让他们的心灵受挫。

语文课上的大单元教学

2014年中考成绩揭晓，环县五中的语文平均成绩为134分，为全县28所初中之首，高于县平均成绩8分，比最后一名高出16分，打破了语文成绩拉不开距离的局面。本届的语文教学团队有什么秘诀能取得如此耀眼的成绩？语文备课组组长王丽娜老师的一篇短文解开了我心中的谜团。

从事语文教学工作多年，我一直有这样的感觉：没时间写作，没工夫阅读。

一本语文书，三十几篇课文，紧紧张张算课时，匆匆忙忙赶进度，一学期下来终于大功告成。可是看着寥寥几篇作文，想着空落落的阅读课，我总是感到缺少了什么。语文教学的重头戏就是作文和阅读，可是四五个月的时间学生难道就仅仅学几篇课文吗？我们也总埋怨学生不会作文，不会阅读，但是只有先写，才能会写，只有先读，才能会读啊。

时间就像海绵里的水，挤一挤总还是有的，可是这时间该从哪里挤呢？

我想到了大单元教学法。这种教学思想的萌生源于课堂教学改革之初课时不够用，于是一些教师就对教材进行重新整合，将初中三年的教材打通使用，这样可以节省很多时间。李炳亭先生认为，大单元教学首先立足于“破”，大胆挑战传统教学中的教材编排、课时安排、学期安排、学年安排，把学科知识按照教学的实际需要重新规划整合、综合设计，从而把“三年”贯通起来，当成一首完整的曲子来谱、来弹。这种说法挺诱惑人的，于是我决定在紧张的初三教学中实践一下。

上周，我们学习以“思家爱国”为主题的诗歌单元。该单元共有六首小诗，教参上安排了四课时。我在思考：用两课时能否完成呢？于是我先确立了单元目标：(1) 朗读感受诗歌魅力；(2) 学会赏析诗歌内涵。接着梳理了导学思路：第一课时重点研读艾青的《我爱这土地》和余光中的《乡愁》，因为这两首诗是该单元的重点，也是考点；第二课时是诗歌阅读课，我要求学生通过朗读感受、背景链接、意象提炼、情景还原等方法来阅读剩下的四首诗并写读后感。读后感的形式不限，可以写对联、随笔，也可以赋诗一首，总之能传达阅读诗歌后的感受即可。最后，为了调动学生的积极性，确保阅读课的质量，我预设了评价措施，凡是能“上墙”的课堂生成作品都会给该作品的作者加分。没想到，两节课下来，学生对诗歌的赏析既有整体的感知，又有具体的章法可循。异彩纷呈的课堂生成作品，不但是对学生阅读效果的达标测评，更是对诗歌教学的拓展提升。

这样的教学尝试让我茅塞顿开，如果将初三语文上下两册教材进行整合加工的话，那么学生复习起来不就更便捷、更轻松了吗？两册书共计十二个单元，上下册的第一单元可以合并为一个“诗歌大单元”；上册的第五单元和下册的第二单元可以合并为“小说大单元”；上册的第六单元和下册的第五单元、第六单元可以合并为“古文大单元”等。这样十二个单元的内容就可以压缩成五六个单元，最主要的是它给我们的集中作文教学和阅读训练提供了非常可观的时间资源。

其实，语文大单元教学的“大”应该是相对的，它可以是一个主题单元的教学，也可以是对一本教材的重新整合；可以是对学年计划的重新编排，也可以是打破学科式的大单元教学。但不管是哪一种，它都应该是为高效课堂而服务的。那么，对于语文“主题单元”的教学，具体怎样实施呢？

第一步，集智备课，形成单元导学案。

1. 明确单元教学目标和重难点。

2. 整合单元教材内容，确定重点研读和自主阅读的篇目。

3. 形成单元导学案。

第二步，重点研读，归纳方法。

1. 学生独学并梳理单元基础知识，小组内检查反馈。

2. 研读重点课文，归纳学习方法，举一反三。

第三步，阅读迁移，盘点成果。

1. 学生自主阅读自读课文或课外拓展阅读。

2. 书写阅读心得，展示生成作品。

这是我对“三步走”主题单元教学的一点非常简单、粗浅的思考，我会继续关注、尝试这种大单元教学法。

让学生会学、乐学

——从学生的家庭作业想到的

儿子上初三，周末回家伏案“疾书”，大喊太累，抱怨老师布置作业太多，没有玩的时间。

我随后到班级做了调查，发现为了督促学生学习，各科教师都给学生布置了相应的作业。学优生可以轻松完成作业；待优生则没有能力完成某些作业，只好抄其他同学的作业。

有学生给我讲了这样一件事：星期天下午同学们都到校很早，在教室里静悄悄地抄作业。晚自习时老师看到大家都完成了作业，很高兴，殊不知，师生之间在“捉迷藏”。

有学优生说，双休日 4/5 的时间在写作业。

有中等生说，双休日比周内忙多了，周内还有课间、大课间、活动课，周末除了作业，还是作业。

我把了解到的情况与任课教师交流，每位教师都说自己布置的作业比较少。

我又与部分家长沟通，大多数家长要求教师周末给学生布置作业。

周末到底该不该给学生布置作业呢？

记得有这样一个故事。

某将军到弓店买弓，店主推荐了两张弓。这两张弓的材质与做法完全相同，制作时间也相同，不同的是，其中一张弓是拉开的，上面搭了一支待射出的箭，另一张弓是常态下存放的。店主问将军要买哪一张弓？

将军沉默良久，两张弓都买了。

回家后，将军试用这两张弓。常态下存放的弓射出了一百多米，而另一张弓只射出了二三十米。

将军不得其解，问军师。

军师说："常态下存放的弓养精蓄锐，蓄意待发，所以能够发挥它的最大作用。拉开的弓一直处于工作状态，得不到休息，精锐早已耗尽，只有那么一点儿力道了。"

将军恍然大悟。

这个故事告诉我们，一张弓一直处于工作状态，它的弹力和劲道就会丧失，学生的锐气和激情不也是这样吗？所以，必须给学生减负，限制教师周末给学生布置大量作业，同时也要改变布置作业时"大锅饭""一刀切"的现象，作业训练一定要有针对性、实效性。

为此，我采取了如下措施。

一是不允许任课教师周末给学生布置家庭作业。我与每位任课教师都进行了沟通，分析了周末布置作业有害无益的道理，帮助他们制订了高效的训练策略。

二是改变学生的作业训练方式。以一周为一个教学单位，实施周周清。教师在教学过程中往往以一节课为单位，到周末时上到哪就算哪，致使一周来学生所学的知识或科目没有系统性。我们决定以周为单位，在这一周内学哪些内容、怎样学、要达到什么目标，教师都要有计划，并且这个计划要让每个学生熟知。当然，制订学习目标不能"一刀切"，学优生、中等生、学困生的目标应该是不同的，要因学情而设定，教师决不能一厢情愿地去为学生制订统一的目标。目标的设定如建楼房，学困生把框架（最基础的）搭建起来就行了；中等生在搭建框架的基础上可以把各房间隔开，安装门窗（在基础知识的基础上有所完善）；学优生在前者的基础上进行装修、装潢，提高档次和境界。各个层次学生的学习目标不同，所承担的任务就不一样，收获肯定也不一样，但每个人都会有收获。

一周的学习任务明确后，要分步骤完成，教师可以引导学生制订计划、措施和合理安排时间。

在落实过程中，教师可以帮助学生完成，学生也可以帮助其他学生完成，其大环节可以按照“五步三查”课堂教学模式进行，其中的一些小步骤、小环节（每节课）也可以按照“五步三查”课堂教学模式进行，总之要把“五步三查”课堂教学模式用活。

“五步三查”课堂教学模式中最重要的就是“过滤学习法”。先通过独学，把会的知识过滤掉，不会的筛选出来；再通过对学、群学解决部分不会的知识，然后通过小组梳理、展示再滤掉一部分会的知识，把不会的知识展示出来，请全班同学或老师点拨解决。最后进行一次检测。在这一过程中，学生完全是学习的主体，他们在整个过程中不断体验成功的快乐和学习的乐趣。所以，教师不但要熟练驾驭这种学习方法，还要指导学生学会用这种方法。教师教给学生科学的学习方法非常关键和重要。

在一周的学习过程中，教师可以策划一些对抗赛，激发学生的竞争意识和学习热情。对抗赛可以在班与班之间、小组与小组之间、尖子生与尖子生之间、中等生与中等生之间、待优生与待优生之间进行，总之，要能力水平相当的学生进行比赛。教师就是活动的组织者，学生是运动员，是参赛者。这样，学生还是学习的主体。在竞争背景下，学生就会自己找题做，自己给自己布置作业。教师给学生布置的作业没有学生自己布置的作业针对性强。同时，这样不仅避免了重复劳动，也避免了抄作业的无效劳动。

与任课教师达成共识后，我召开了师生大会，就学生抄作业现象和周末布置作业现象进行了分析说明，然后宣布周末取消家庭作业，学生报以雷鸣般的掌声。最后我详细说明了新的作业训练方法。

我要求，从师生大会的第二天起就采取新的作业训练法。我每天巡班，与教师、学生交流新举措的落实情况，发现问题后及时沟通解答。一周下来，师生普遍反映这种方法不仅实效性强，而且不会给学生增加负担，符合国家减负的政策。

实效性的增强意味着学生学习状态的变化。通过观察，我发现贪玩的学生明显减少了，小老师明显增多了。部分学生学习更努力了，并且是按照自己的需要自主地学习。这种自主学习，学生乐意、家长高兴、教师满意。

这一训练策略的调整是从学情出发的，是符合学情的，所以能够调动学生学习的积极性。

当然，这种方式也使得教师更加忙碌了。原来的作业布置是“大锅饭”，注重安排，不注重过程，而现在的作业布置针对性强，教师要根据学情采取不同的策略，工作量大增。但没有一个教师抱怨，反而都增加了成就感，脸上洋溢着幸福的笑容。

对于初三的学生，教师应该学会放手，只要为他们创设良好的学习环境让他们自主探索就好，这样学生一定会乐学、会学且学好的。

引导乐玩，让学生劳逸结合

班级挑战大赛的帷幕拉开三周有余，学生显得有些疲惫，特别是初三(9)班和(6)班的学生。在第五次月考前，我预言，这两个班的成绩肯定下滑，结果如我所言。

本届学生自进校以来管理得比较好，调皮违纪学生较少，多是听话的“好学生”。如今学生每天要面对各科的复习题，繁重的练习题使他们应接不暇、身心疲惫。我隐隐地感觉到这种现状的可怕。学生处于这种“听话”的氛围中，学习效果并不好。我到初三(9)班做了调查，大多数学生晚上十一点以后才睡觉。在挑战面前，部分学生只知道一味地苦学，经常熬夜。看来学生走向了另一个极端。我必须要改变这一“死学”现象。

与此同时，有一个班引起了我的注意，这就是初三(4)班。

(4)班最近的表现很好，学生学习状态好，日常行为规范也做得好。可是以前，这个班是令我头疼的一个班级，学生与班主任始终不能交心。升入初三以来，我让较有经验的物理老师赵金龙担任此班的班主任，这个班逐渐发生了变化。

(4)班发生变化的秘诀就在于知人善用、科学民主的管理。管理在学习中的重要性可见一斑。(4)班自进入初三以来，学习成绩逐渐提高，学优生领跑全年级，文体活动蜚声全校，以程伟、杨帆为代表的班级篮球队在全校有很高的声誉。这个班的学生充满活力、充满朝气、充满凝聚力和战斗力。

（4）班学生劳逸结合，学习效率极高，我认为（4）班的做法可以在全校推广。

2014 年 4 月 26 日，历史、政治会考结束后，每个班每周余出了四节课，这些时间该如何分配？

同时，我发现每节课 40 分钟不利于复习检测，教师给学生发一套检测题，学生在 40 分钟内不可能完成，至少需要两节课时间，因此我想能不能将课排成大课。

我与年级主任曹永海的想法不谋而合，于是环县五中历史上第一张大课表诞生了（课表如下）。

初三年级大课表

<table>
<tr><th rowspan="2"></th><th colspan="8">星期一</th><th colspan="8">星期二</th><th colspan="8">星期三</th><th colspan="8">星期四</th><th colspan="8">星期五</th></tr>
<tr><th>1</th><th>2</th><th>3</th><th>4</th><th>5</th><th>6</th><th>7</th><th>8</th><th>1</th><th>2</th><th>3</th><th>4</th><th>5</th><th>6</th><th>7</th><th>8</th><th>1</th><th>2</th><th>3</th><th>4</th><th>5</th><th>6</th><th>7</th><th>8</th><th>1</th><th>2</th><th>3</th><th>4</th><th>5</th><th>6</th><th>7</th><th>8</th><th>1</th><th>2</th><th>3</th><th>4</th><th>5</th><th>6</th><th>7</th><th>8</th></tr>
<tr><td>(1)班</td><td colspan="2">化学</td><td colspan="2">数学</td><td>语文</td><td>活动</td><td>班会</td><td rowspan="10">研究性自习</td><td colspan="2">语文</td><td colspan="2">数学</td><td>体育</td><td colspan="2">英语</td><td rowspan="10">研究性自习</td><td colspan="2">英语</td><td colspan="2">物理</td><td>活动</td><td colspan="2">化学</td><td rowspan="10">研究性自习</td><td colspan="2">数学</td><td colspan="2">语文</td><td>英语</td><td>自习</td><td>体育</td><td rowspan="10">研究性自习</td><td colspan="2">语文</td><td colspan="2">英语</td><td colspan="2">物理</td><td>活动</td><td rowspan="10">卫生大清洁</td></tr>
<tr><td>(2)班</td><td colspan="2">英语</td><td colspan="2">语文</td><td>体育</td><td>自习</td><td>班会</td><td colspan="2">数学</td><td colspan="2">化学</td><td colspan="2">物理</td><td>活动</td><td colspan="2">数学</td><td colspan="2">英语</td><td>体育</td><td colspan="2">语文</td><td colspan="2">语文</td><td colspan="2">英语</td><td>数学</td><td colspan="2">化学</td><td colspan="2">数学</td><td colspan="2">物理</td><td>语文</td><td>英语</td><td>活动</td></tr>
<tr><td>(3)班</td><td colspan="2">数学</td><td colspan="2">化学</td><td>英语</td><td>数学</td><td>班会</td><td colspan="2">语文</td><td colspan="2">物理</td><td colspan="2">英语</td><td>体育</td><td colspan="2">数学</td><td colspan="2">化学</td><td colspan="2">语文</td><td>活动</td><td colspan="2">英语</td><td colspan="2">语文</td><td>体育</td><td colspan="2">物理</td><td colspan="2">数学</td><td colspan="2">英语</td><td>活动</td><td>语文</td><td>自习</td></tr>
<tr><td>(4)班</td><td colspan="2">语文</td><td colspan="2">英语</td><td colspan="2">物理</td><td>班会</td><td colspan="2">英语</td><td colspan="2">数学</td><td colspan="2">化学</td><td>体育</td><td colspan="2">语文</td><td colspan="2">数学</td><td>英语</td><td>活动</td><td>自习</td><td colspan="2">语文</td><td colspan="2">数学</td><td>语文</td><td>体育</td><td>数学</td><td colspan="2">英语</td><td colspan="2">化学</td><td>活动</td><td colspan="2">物理</td></tr>
<tr><td>(5)班</td><td colspan="2">语文</td><td colspan="2">数学</td><td>体育</td><td>自习</td><td>班会</td><td colspan="2">英语</td><td colspan="2">化学</td><td colspan="2">物理</td><td>语文</td><td colspan="2">语文</td><td colspan="2">数学</td><td>英语</td><td>活动</td><td>数学</td><td colspan="2">英语</td><td colspan="2">数学</td><td colspan="2">物理</td><td>活动</td><td colspan="2">英语</td><td colspan="2">语文</td><td>体育</td><td colspan="2">化学</td></tr>
<tr><td>(6)班</td><td colspan="2">数学</td><td colspan="2">英语</td><td>语文</td><td>活动</td><td>班会</td><td colspan="2">语文</td><td colspan="2">物理</td><td>体育</td><td colspan="2">化学</td><td colspan="2">数学</td><td colspan="2">英语</td><td colspan="2">物理</td><td>活动</td><td colspan="2">数学</td><td colspan="2">语文</td><td colspan="2">化学</td><td>自习</td><td colspan="2">语文</td><td colspan="2">英语</td><td>数学</td><td>体育</td><td>英语</td></tr>
<tr><td>(7)班</td><td colspan="2">数学</td><td colspan="2">物理</td><td colspan="2">化学</td><td>班会</td><td colspan="2">语文</td><td colspan="2">英语</td><td>数学</td><td>体育</td><td>自习</td><td colspan="2">数学</td><td colspan="2">化学</td><td>活动</td><td colspan="2">物理</td><td colspan="2">英语</td><td colspan="2">语文</td><td>语文</td><td>英语</td><td>体育</td><td colspan="2">英语</td><td colspan="2">数学</td><td>活动</td><td colspan="2">语文</td></tr>
<tr><td>(8)班</td><td colspan="2">语文</td><td colspan="2">英语</td><td>数学</td><td>体育</td><td>班会</td><td colspan="2">数学</td><td colspan="2">化学</td><td colspan="2">物理</td><td>语文</td><td colspan="2">英语</td><td colspan="2">语文</td><td>自习</td><td>英语</td><td>体育</td><td colspan="2">数学</td><td colspan="2">物理</td><td>活动</td><td colspan="2">化学</td><td colspan="2">数学</td><td colspan="2">语文</td><td colspan="2">英语</td><td>活动</td></tr>
<tr><td>(9)班</td><td colspan="2">数学</td><td colspan="2">语文</td><td colspan="2">化学</td><td>班会</td><td colspan="2">英语</td><td colspan="2">语文</td><td>数学</td><td>自习</td><td>活动</td><td colspan="2">数学</td><td colspan="2">化学</td><td>体育</td><td colspan="2">物理</td><td colspan="2">英语</td><td colspan="2">数学</td><td>体育</td><td>语文</td><td>英语</td><td colspan="2">英语</td><td colspan="2">语文</td><td colspan="2">物理</td><td>活动</td></tr>
<tr><td>(10)班</td><td colspan="2">英语</td><td colspan="2">数学</td><td colspan="2">物理</td><td>班会</td><td colspan="2">语文</td><td colspan="2">数学</td><td colspan="2">化学</td><td>活动</td><td colspan="2">英语</td><td colspan="2">语文</td><td>数学</td><td>体育</td><td>语文</td><td colspan="2">语文</td><td colspan="2">英语</td><td>活动</td><td colspan="2">物理</td><td colspan="2">数学</td><td>英语</td><td>自习</td><td colspan="2">化学</td><td>体育</td></tr>
</table>

从这张课表可以看出，每个班每周有两节体育课，两节活动课，这是为了让学生缓解复习压力而特意安排的。

此外，我对年级组做了如下要求。

一是每班在 6:20，14:30，18:30 集体喊口号，口号内容由学生自己拟定，可以是本阶段的奋斗目标和措施，也可以是彰显自信心的内容。

二是大课间必须全员参与，如无特殊情况不可少一人。

三是活动课由副班主任组织，每班要自带活动器材，所有学生都要参与活动。学生在活动课上要流汗，要投入，要尽情地玩，尽情地乐。

当我宣布这一决定时，学生开心极了。

在接下来的落实过程中，我发现有些教师、学生并不配合。如喊口号，教师在教室辅导学生，学生不好意思让教师停下来，就错过了喊口号的时间。于是，我安排年级组的学生自治委员会按时检查，以提醒、督促教师与学生。

在我的强力推行下，各班的活动课都很有特色，有玩滑板的、溜旱冰的、踢毽子的、跳绳的、跳房的，还有一些我叫不上名的活动。当然，爱好球类运动的同学也为数不少。这些措施改变了学生的状态，同学们变得生龙活虎，朝气蓬勃。

为了使活动掀起高潮，我特意安排了一场师生篮球友谊赛，由初三学生联队挑战教师联队，模拟正规比赛，由体育组教师担任裁判。刘艳丽老师记下了这场精彩的篮球赛。

为了缓解初三学子的学习压力，调整学生考前的心态，提高年级凝聚力，让学生更好地理解合作精神和团队精神，初三年级组举办了一场激烈的师生篮球赛。

2014 年 5 月 17 日下午，环县五中初三年级的教师与学生在操场开展了一场别开生面的比赛。

阳光照在每位队员的脸上，他们个个精神抖擞、激情满怀。

随着裁判的一声哨响，比赛拉开了帷幕，双方队员都迅速投入比赛中，抢球、传球，精准的投球，双方争夺异常激烈。但孩子毕竟年轻力壮，经常锻炼，一开场学生队的强大士气就让教师队乱了阵脚，打出了 11:4 的成绩。场上篮球健儿们气势如虹，场下啦啦队员也不甘示弱，呐喊声、加油声响彻云霄。当然，教师队也不甘示弱，经过短时间的休息调整，找回了状态，在接近中场的时候，师生双方已不相上下了。

下半场，两队队员的争夺更为激烈，他们互不示弱。教师队的高武月老师、学生队的程伟同学精准的投篮赢得观众阵阵掌声，球场上他们奔跑的身影、挥洒的汗水都给我们留下了深刻的印象。

观众的欢呼声和不绝于耳的加油声把比赛推向了高潮。双方队员都不敢有丝毫的松懈，他们认真地打好每一个球，不肯放过任何一个可以得分的机会。真是“青出于蓝而胜于蓝”，最后学生队以 56:44 战胜了教师队。

学生真正做到了全力以赴、团结互助、配合有序。通过此次比赛，我相信学生的集体荣誉感一定会有所增强，师生的感情也会增强，相信在一月后的中考中他们也会有此次“篮球风暴”的精彩与震撼。

教学中的三十六计

把传统文化中的智慧用于教学管理中，这是大智慧。我经常对教师讲，要管理好班级，要让学生按照自己的预设和思路走，就要熟知三十六计。许多教师听了之后，一脸迷茫。让我没想到的是，我在审查教师的反思时发现田金鹏老师居然写有《教学中的三十六计》系列文章，读罢令我激动不已。不论田老师具体操作得如何，有这种理念就已经很了不起了。

在班级管理和教学过程中，许多教师都是就事论事，思维狭隘，许多时候苦无良方。其实，我们传统文化中的智慧是非常丰富的，我们经常听到《道德经》《孙子兵法》被世界的巨商和政治家广泛应用的事例。我最近读了一本《穿布鞋的马云》，书中介绍马云的企业文化就是从金庸的武侠文化中汲取的营养。所以，倡导教师读经典是非常必要的。那么，田老师在教学管理中是如何运用三十六计的呢？请朋友们与我一同分享。

孙子曰：兵者，国之大事，死生之地，存亡之道，不可不察也。

言明用兵之道是关系国家生死存亡的大事，要慎重对待，讲究策略。而课堂教学虽不决定国家命运，却是学校教育中的关键所在，教师在课堂教学中也要善于运用策略，借助古人的智慧，巧用“兵法”，去激励、启发学生，提高他们的信心，点燃他们的学习热情，以达到事半功倍的效果。下面我就教学中的一些经验系统阐述教学中的三十六计。

瞒天过海

原文：备周则意怠，常见则不疑。阴在阳之内，不在阳之对。太阳，太阴。

译文：防备周密，往往容易导致思想麻痹，意志松懈；对司空见惯的事情往往不会产生疑惑（以致丧失警惕）。诡秘的计谋往往就隐藏在公开的事物里面，而不是在公开的事物的对立面。非常公开的事情里往往隐藏着非常的秘密。

案例：我班有个女同学，平时沉默寡言，在课堂上从不积极主动地进行展示，也很少向老师和同学请教问题，班内少有朋友，我几次和她谈话，她总是言语不多，好像不会敞开心扉去和别人交流。一次周末，我在她的QQ空间里看到了几张她在公园玩的照片，她的脸上露出了一丝微笑，但笑容里有些淡淡的忧伤。于是我评价道："难得一笑啊，但为什么笑容里好像有几分忧伤呢?"

她说："老师您太理解我了。我在家感到特别压抑，我爸爸好像看我不顺眼，总是训斥我，什么事都偏袒弟弟，而且经常和妈妈吵架。我特烦。"

我问："他为什么训斥你啊？他们吵架又是为什么?"

她说都是为了她们姐弟俩的学习等琐事。我开导她说："你好好想想，难道父母真的不爱你吗？为了你的学习，他们不惜花两千多块钱给你买学习机，帮你下载学习软件等，只是他们有时处事方式可能不对，缺乏和你交流罢了!"

之后，我私下约见了她的爸爸，跟他交谈了很久，向他传递了孩子的心声，并针对孩子的学习和教导方面委婉地提出了一些意见。我说初三是很关键的一年，希望他女儿能在一个和谐快乐的环境中学习，能享受到来自家庭的鼓励和温暖，这样她才有可能进步。

之后，这位同学在我的物理课上积极了许多，经常主动回答问题，也常来向我请教问题。有次她来请教问题的时候，我故意说："你最近怎么啦，变化得让我有点惊讶啊?"她不好意思地笑着说："老师，还不是因为您的缘故，我爸爸向我道歉了，他现在改变了好多……"

围魏救赵

原文：共敌不如分敌，敌阳不如敌阴。

译文：攻打集中的强敌，不如先设计分散它再各个击破；攻击敌军的强盛部分，不如攻击敌军的薄弱部分有效。

案例：在日常教学中，我发现有些学生比较懒散，自我约束能力差，不遵守纪律，大错不犯，小错不断，学习态度不认真，而且还屡教不改。这时我们要仔细观察、研究他们，看他们有什么弱点。我班有个学生叫黄佳坤，平时好动、贪玩、爱欺负同学，但他最怕叫家长，他说让他干什么都行，就是别叫家长……如果学生有类似心理，我们不妨抓住这个软肋，偶尔叫一下家长，这样学生在自尊心的驱使下可能会规矩一段时间。

初三学生临近中考，有些学生偏科比较厉害，如我班的宋嘉兴，理科成绩非常棒，语文、数学每次考试都接近满分，唯独英语成绩很不好。于是我建议他，在最后这段时间里，可以适当在英语学习上多花些时间，补补基础，这样将来就能考个好大学，这就是“围魏救赵”的策略。

借刀杀人

原文：敌已明，友未定，引友杀敌，不自出力。

译文：在敌方情况已经明确，友军态度尚未稳定时，应引导友军与敌人拼杀，不必自己出兵攻打，以保存实力。

案例：其实我校实行的小组自主管理和合作学习，就体现着这一策略。建立帮扶对子，相互帮助的同时也相互竞争，以优胜者为榜样，奖励优胜者，使后进者产生一种耻辱感，然后趁热打铁，鼓励后进者迎头追赶，这一策略会起到良好的效果。另外，以各科小组长代理教师布置学习任务、检查任务完成情况；以学生的自主管理代替班主任的管理，也算是“借刀杀人”吧！

以逸待劳

原文：困敌之势，不以战；损刚益柔。

译文：迫使敌人处于困难的境地，不一定要采取直接进攻的手段，可以根据刚柔互相转化的原理，实行积极防御，逐渐消耗、拖垮敌人，使之由强变弱，我方则由被动变为主动。

案例：每个班都存在一些问题学生，他们身上或多或少存在一些不良习惯，他们的“顽固不化”让教师很头疼，甚至使教师在学生管理上产生一定的心理阴影。

其实，对学困生的转化不能急于求成，一个不良习惯的形成是不良行为逐渐积累、从量变到质变的过程，所以要引导学困生转向优秀也是一个慢慢改变的过程。我们要刚柔相济，“威逼利诱”，使其慢慢改正，逐渐转向优秀。

我班有个学生叫石小龙，性格暴躁，易冲动，大错没有小错不断，但他成长于单亲家庭，他跟妈妈一起生活，比较孝顺。他妈妈平时靠打零工来维持一家的生计并供他上学，所以，我经常开导他，让他想想妈妈的不易以及妈妈对他的期望，他应当做一个有担当、有责任的人。时间久了，他慢慢转变过来，做事开始考虑后果，理智了许多。

人总是有弱点和软肋的，同样，人也总是有尊严、好面子的，所以我们要“威逼利诱”、软硬兼施，使其转变，切忌急功近利、急于求成。我们要静观其变，当学生有进步时，立刻奖励，久而久之，他们就会被我们转变的。

趁火打劫

原文：敌之害大，就势取利。刚决柔也。

译文：当敌方出现危难情况时，应该趁机出击，夺取胜利。这就是把握战机，以强击弱，克敌制胜的策略。

案例：在转变学生的行为或鼓励其学习时，最适合用“趁火打劫”之计了。

当有学困生表现积极时、考试进步时……我们适时鼓励他们，并辅以必要的奖励，就可以大大激发学生的积极性，使他们信心倍增，形成一股动力，达到我们期望的目标。记得上学期我带的初三（10）班有名学生，每每背诵物理概念，他都很被动，经常不按要求完成任务，被我留校。一次，他提前超额完成了任务，于是我在物理课上当众表扬了他。之后，他学习物理特别积极，比学优生的效率还高，总是能按时完成任务。

声东击西

原文：乱志乱萃，不虞，坤下兑上之象，利其不自主而取之。

译文：敌方已经混乱，对所发生的事情都觉得意外，难以判断和应付，这是《易经》萃卦所说的那种混乱溃败的象征，这时，应当利用其失去控制力的时机去消灭它。

案例：有些学困生会在学习过程中因为成绩不好而失去信心，从而丧失学习兴趣，再稍有挫折的话，他们便有辍学的危险，而这类学生往往也最容易受到老师的责难。这时，老师只要在适当的时候去鼓励他们，安抚他们脆弱的心灵，帮助他们解开心结，他们便会对老师心存感激，在课堂上积极表现，成绩也会有相应的提高。

教育收获篇

Dian Ran Xue Xi De Ji Qing

听， 花开的声音

——全国新教育工作会庆阳市新教育实验区验收汇报

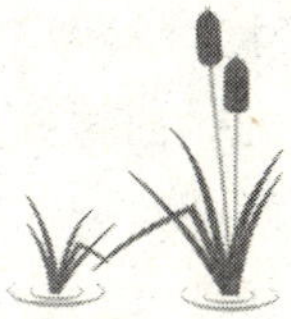

（转庆阳教育信息网报道）四月的陇东大地，山花烂漫，万象更新。2014年4月12日至13日，全国新教育实验区庆阳工作会议在我市隆重召开。全国政协常委、秘书长、中国民主促进会中央副主席朱永新，甘肃省副省长夏红民，甘肃省教育厅王嘉毅，中共庆阳市委书记栾克军，全国新教育研究院专家以及来自北京、重庆、江苏等16个省、自治区和直辖市的代表和庆阳市代表参加会议。

与会代表12日早晨先后参观了庆阳市东方红小学、庆阳市实验小学、西峰区温泉（齐楼）初中。三所新教育实验学校遵循着让师生过一种幸福完整的教育生活的新教育理念，在校本课程开发、德育体系建设、营造书香校园、打造幸福课堂等方面紧紧根植新教育课程，坚持理念引领，解放了教师，发展了学生，成就了学校，也让来自全国各地的新教育人感受到了庆阳教育的独特魅力。下午，在市政府礼堂的新教育实验区工作会议开幕式上，庆阳市教育局卢化栋以“真做教育，做真教育”为题全面介绍了庆阳新教育实验区的发展变化以及取得的丰硕成果。随后进行的新教育展示活动分为“研发卓越课程，书写生命传奇；寻找共同密码，体验教育幸福；缔造完美教室，演绎师生生命”三大板块，一个个难忘的新教育场景，展示了黄土高原厚重的历史文化，记录了庆阳新教育人的心路历程与行动轨迹，分享了庆阳新教育人“真做教育，做真教育”所收获的幸福与喜悦。

"相聚陇东庆阳，共话区域推进。"这次新教育实验区工作会议，集中展示了我市教育内涵，安排部署了全国新教育实验区年度工作，将对教师专业发展、学校特色发展、学生全面发展、教育内涵发展起到重要作用。

环县五中是本次参与展示的六所学校中唯一一所中学，在杨树岳主任的精心策划下，由张兴斌校长，马文梅、王丽娜、李宁三位教师及十一名学生组成的参演队伍，以叙事、课堂情景再现、回顾反思等形式表演了《听，花开的声音》，分享了环县五中人三年来在新教育路上的点点滴滴。生动的叙述、真实的情景再现、精彩的演讲，彰显了环县五中人在新教育路上的智慧与执着、求真与务实，获得了参会代表们的一致好评。

听，花开的声音

追光打在主持人身上，其他灯光关闭，布置道具（一个茶几、几本书、两个笔记本电脑，茶几两边对坐男女叙述人）。

主持人的话音结束，女叙述人开始叙述，追光移至男、女叙述人，大屏幕出现"听，花开的声音——环县五中的新教育之路"。

轻音乐起，题目退去，环县五中校门图片渐变成环县五中招生的场景。

女：成功的花，人们只惊羡她盛开时的明艳，然而当初她的芽儿，浸透了奋斗的泪泉，洒遍了牺牲的血雨。

男：是啊，还记得2010年环县五中刚招生的那年吗？校园里到处是施工的垃圾，教师累、学生苦、课堂死，好学生大量流失，新生的环县五中可谓四面楚歌。

女："与其不断地批评应试教育让我们戴着镣铐跳舞，我们为什么不可以戴着镣铐跳出精彩的镣铐舞呢？（屏显）"朱永新教授的话让环县五中人茅塞顿开，我们要做的不应是抱怨和空谈，而是行动起来。

男：于是2011年的春天，张校长带着我们踏上了寻梦"新教育"的漫漫长路！

女：我们带着困惑、迷茫走进齐家楼初级中学，感悟新教育；远涉江苏省昆山市新教育实验区，学习新教育；东赴山东省日照新教育开放周，升华新教育，并多次听取朱永新教授的专题报告。

男：回校后，张校长带领班子深入课堂开展调查研究，手把手指导教师进行班级文化建设、小组建设、课堂评价、课堂展示。

女：那段日子，全校的教师很辛苦，而学校的管理者们更是辛苦。有人统计，教务主任一天听过七节课，参加了两节评课会，晚上还召开了教研组组长会议。

男：那段时间，外面来办事的人找不到校长，大家都会说“他听课去了，到教室去找吧”。

女：那段时间，调研课、会诊课、研讨课、达标课、过关课，反思交流、课改论坛等活动在校园蓬勃开展。

男：那段时间，读书沙龙、演讲比赛、赠书活动也在校园频频亮相。读教育著作、读历史、读名人传记，除了师生共读之外，我们还想了一些办法，如读书漂流瓶、音乐读书社、一米阳光演读屋等。

女：我们惊喜地发现，有些家长受到感染也加入了我们的读书活动。有一天，一个学生跑来激动地对我说：“老师，我妈现在也迷上了读书，有时候，一本书我还没看完就被她借走了。”我和孩子都开心地笑了。的确，阅读有时候就像是搭建在人们心灵之间的桥梁，让我们的心不再遥远。

男：是的，只要付出，就会有回报，只要坚持，就会有奇迹。

女：我们践行的新教育开花了，结果了。学生敢纠错了，会质疑了，能主持了。瞧，他们有的手舞足蹈在辩论，有的声情并茂在朗读，有的拿着旗子做起了小导游，有的干脆扛起了拖把当道具，看着他们的笑容，我们想说：“孩子们呐，那些年我们曾经剥夺的本该属于你们的快乐，现在还给你们，不知道这算不算太迟？”

男：三年来，我们的学生，我们的教师，我们年轻的环县五中在成长。

女：我们的做法引来了40多所兄弟学校的关注。

男：更让我们欣慰的是，《庆阳教育》2013年第6期给予我校“特别关注”，刊登了《掌门人的梦》《课改好不好，学生说了算》等介绍环县五中的文章，引起了全市教育界同人的关注。

女：中国课改网也相继介绍了我们的课改故事呢。

男：朱永新教授说，如果说阅读是站在大师的肩膀上前行的话，那么写作其实是站在自己的肩膀上攀升。

女：当我们走进课堂用心聆听的时候，便有了一篇篇教育随笔、一个个教育故事，有了孩子们的成长日记。初三（4）班一个性格内向的孩子在日记中写道："我知道自己是一只蜗牛，可是蜗牛也有属于自己的梦想！"这句话的力量足以让每个人都在心中撒下一颗梦想的种子。

男：迄今为止，我校的网站上已经上传了三千多篇反思和随笔，那里盛开着鲜活的生命之花，流淌着爱的清泉，讲述着一个个可爱天使成长的故事。

女：尤其是马文梅老师，2012 年调入环县五中后她就申请教思想品德，这对本来是体育老师的她来说真是一个挑战。

男：没想到踏实认真、勤学好问的马老师很快就把新课堂做得有模有样，她把快乐还给了孩子们。

女：更让我们称道的是她三年如一日，坚持写反思、记随笔、整理课堂实录和学生的课堂生成。截至目前，她已经编辑成册的作品有 30 多万字，没有编辑成册的还有 20 多万字呢。

男：今天，马老师和她的学生也来到了我们的现场，让我们共同分享她与孩子们共读共写的激情时刻吧。

（大屏幕：情景再现——初三思想品德下册第十课《选择希望人生》第二课时"理智面对学习压力"课堂生成展示。）

（教师喊"一二一"带着 11 名学生上场。）

师：这节课我们学习第十课第二课时"理智面对学习压力"。下面请同学们预习，小组交流，把所学知识用不同的形式展示出来。

（静悄悄的课堂一下子变得"乱哄哄"，学生争先恐后地要求展示。）

师：我看见有些同学已整装待发了，大家欢迎他们上台。

（诗歌朗诵。）

书山有路勤为径，学海无涯苦作舟。（下面同学轻声旁白：真苦呀！）

三更灯火五更鸡，正是男儿读书时。（下面同学轻声旁白：真累呀！）

男儿欲遂平生志，六经勤向窗前读。（下面同学轻声旁白：怎一个

“累”字了得！）

凿壁借光为哪般，悬梁刺股世代传。（下面同学进行相应表演）

师：同学们把读书当作一种学习压力，那么怎样正确认识学习压力呢？

（清唱根据《站起来》改编的歌曲。）

同学们，生活到处有压力，压力太大造不利，心情焦虑效率低，嗨呀，嗨呀，正确面对转化它，嗨呀！

伙伴们，压力也有好方面，只要我们有理智，明确学习的意义，嗨呀，嗨呀，培养学习的兴趣，嗨呀！

师：相信同学们不仅能正确对待学习压力，而且会把压力化为动力。

（学生快板）

打快板，响连天，同学们，听我言。

学习压力形式多，影响学习先不说；

身心健康也有损，快乐生活化为空；

所以压力不能大，要把压力来转化。

井无压力不出油，人无压力乱飘飘。

父母亲人盼我好，害怕辜负一路跑。

对手相互猛竞争，督促你来有创新，

飞船母舰瞩世目，诺贝尔奖中国现，

化为动力助发展，挖掘潜能新才艺。

本节知识你若懂，以后学习大步进！

生：你们说得有点浅，听我组用三句半来展。

压力如何化动力，理智乐观意志坚，名人故事要借鉴，快宣传！

两耳失聪不怕难，艺术路上情切坚，一首《命运》感动天，（贝多芬）不认输！

盲聋世界她模范，顶住寂静和黑暗，三天光明照人间，（海伦）不屈服！

寒门书生破万卷，从来不怕砚冰坚，负箧曳屣行深山，（宋濂）不怕苦！

宫刑炼狱两重天，困厄潦倒来相伴，《史记》一册万年传，（司马迁）

意志坚！

师：刚才同学们的展示都很棒，我也写了一首诗，与同学们一较高下。

感谢压力
课改来的时候我没有准备
只想着别让自己太累
忙活了半辈子
总觉得要好好把自己抚慰
但事与愿违
学校和学生让我再一次找回了青春的妩媚
这时我也明白如果学生没有课改的追随
就好像爱情没有绽放的玫瑰
感谢压力
让我体味到了成功的泪水
生活的另一种滋味
三尺讲台已不是我的王位
现在我只想静静地看着我的学生越来越美
……

师：下课。

生：老师再见！（大背景画面消失，马老师及学生退场，追光移至两位叙述人，大屏幕鲜花怒放）

男：听，这就是花开的声音，这就是新教育人的幸福！

女：在马老师的带动下，张校长有了《从改变自己开始》的教育文集。

男：杨树岳、郭明秀、胡艳红、魏素珍、刘香平、王丽娜、王绍明、黄菊香等十几位教师也有了自己的专集。

女：全校教师都动起来了，反思集、课堂实录集、复习指导册、校本教材等如雨后春笋般在环县五中出现。

男：有时候，榜样的力量就是这么神奇！时间都去哪儿了？也许我们的时间用来阅读、写作和思考了，我们只想在新教育路上收获更多的更好的教育习惯。我们恳求自己开出一朵花，为自己、为世界，我们要把那潜藏着的梦想和理念，拼着命活将出来。

女：“我能做些什么？这三年来，我一直在思考，怎样让学生在苦中获得快乐，让老师在劳累中享受幸福，让管理层在忙碌中感到充实……在我的校长任期中，如果能做到以上三点，或许，我才能算是一个务实型的校长，是一个对得起和我有着共事缘分的同事，对得起踏进校园的每一个学生。”这是张校长自问的一段话。今天他也来到了现场，现在，让我们分享一下他心中的教育梦想吧！

张校长：我已经是一名五十多岁的老教师了，从教三十多年来，经历了太多太多的教育失败，现在能做的就是将自己的失败经历变成年轻人的反面教材，变成环县五中办学事业的一点资源。

那么，我就来说说我失败的故事吧。

首先是关于教育方法简单的事。有一次朋友聚会，有人说了一句“年轻时不懂得爱，却身不由己结了婚”，我马上联想到自己的职业。自己踏入教师行业不也一样吗？在还不懂教育、从未对教育进行过认真思考时就稀里糊涂当了老师，初上讲台，血气方刚，信奉严师出高徒的传统理念，可以说是“严”到了极端，“严”到了冷酷。有一次，一个男孩上晚自习时在教室后面追逐打闹，我让他到教室外罚站，一站就是几个小时，真不知道在以前没有路灯的那个漆黑的夜晚，这个学生是怎么度过的，现在想到他那时内心的孤独和恐惧，心里万分难过。还有一次做操，几个女生由于动作不到位，在冰天雪地里被我罚站了两个多小时，如今想来，在那两个小时里，那些女生的内心是否跟当时的天气一样寒冷呢？

二是关于伤害学生心灵的事。在那个分数至上的年代，每次考完依照分数排名后，后十多名学生在我的班上日子是不好过的，他们得不到老师和同学的帮助，得到的反而是冰冷的训斥。有一次，一个平常学习还不错的男生，考的不太理想，从班级十几名退到三十几名，我当着全班学生的面说：“你这次又考了第十几名，不过要倒着数！”

这样的错误，我年轻时不知犯过多少次。而今想来，当时自己的内心为什么没有一点点温情呢？为什么从来没有进行过换位思考呢？当时的我，不但没有，相反，还觉得自己的严格和严厉是为了学生好，是完全正确的。

不得不说，我当年的严肃、刻板、教条确实取得了所谓的成效，从教学质量来说，我是大家眼中的优秀教师。可是，我内心却常常陷入困惑：教了几十年的书，见过太多太多学生在中考、高考结束后，把厚厚的书本撕得粉碎，他们那一刻的表情和动作里满是愤恨，似乎一辈子都不想再和书本打交道……难道，我含辛茹苦、废寝忘食多少年，就是为了把学生教得再也不想读书吗?

带着这种困惑，2010年之后，也就是环县五中建校之初，我有幸接触到了推行新教育的名校和名师，新教育人的激情点燃了我内心的激情，新教育的理念拨开了我心中的阴霾。我们为什么不行动起来，以一个人的改变带动一个办公室、一个年级组、一所学校的改变?

这就是我，一个普通中学校长的新教育之梦。

男：牵手新教育，劳累却充实着。

女：牵手新教育，辛苦并快乐着。

男：牵手新教育，过一种幸福完整的教育生活。

女：牵手新教育——

合：我们听到了花开的声音!（大屏幕上鲜花盛开）

何时才能掀起你的盖头，环县五中

——一位兄弟学校教师的心声

环县五中进入我的视野并引起我的极大关注，缘于2013年一次偶然的机会——我在庆阳教育信息网上阅读了张兴斌校长的那篇《我们认识了怎样一个苏霍姆林斯基》。读完张校长的这篇文章，不难发现，张校长是个善于思考、富有才华、有思想的教育者。他在文中对苏霍姆林斯基其人其事其思想的解读不仅详细深刻，而且全面到位。即使以前没有拜读过苏霍姆林斯基教育著作的人，没有接触过苏霍姆林斯基教育思想的人，只要阅读了张校长的这篇文章，也会深受启发，激起学习和研究苏霍姆林斯基教育思想的兴趣。

张校长的文章让我心生敬佩，更有了亲眼目睹张校长本人和他所在的学校的想法。

于是，我点击进入环县五中学校网站，没想到这个平台又为我展示了环县五中的另一个世界。

从网站的各个版块里，既能了解到学校的新闻动态，又能阅读到师生的优秀作品，更让人感到惊奇的是，网站上有该校每位教师的博客或QQ空间的链接，随意点开一个，就能读到教师写的教学或生活随笔。尤其是"领导视界"模块中的文章更具特色和吸引力，这些文章都是学校领导对教育教学工作的思考与总结，每一篇文章都富有思想性与实践性，篇篇都能引人思考、给人启迪。从网站上我证实了一点：环县五中上至领导，下至师生都是勤奋好学、爱读爱写的。

我对环县五中产生的好奇和羡慕之情与日俱增。

一次偶然的机会，我在网上结识了环县五中的郭明秀老师，于是开始跟郭老师聊起来，聊天中得知郭老师跟我有着相同的爱好——读写。后来，又在网上结识了马文梅老师，她曾是一名体育教师，现在担任思想品德课教学工作，但是，坚持读写的她，已经写出60多万字的教育随笔。我经常与她聊天交流，现在我们已经成了朋友、文友。再后来，我邀请张校长加我为好友，没想到张校长竟然同意了。于是，我就有了阅读张兴斌校长日志的机会。

人如有意天作美。2014年10月17日，我终于见到了张校长，从他的言谈举止里，我能感受到他是一个充满智慧与思想，浑身透露着活力与精神的挚爱着教育的人。

他和省报记者尚德琪谈话时，拿出了十几本装订整齐的文集，从他满含微笑的脸上不难看出，这些文集在他看来就是珍宝——充满着教育智慧的无价之宝。怀着好奇，我拿过几本翻阅，原来都是学校教师撰写的教育随笔，其中就有张校长、郭明秀、马文梅老师的。我特意阅读了张校长和郭老师、马老师三人的文集，虽然是浏览，但也能看出他们收编在文集里的文章篇篇有内涵、有思想。

回校后，我把自己对环县五中和对张校长的了解向学校领导和部分老师做了介绍，建议有机会一定要组织学校的老师去环县五中实地考察学习，学校领导当即同意了我的建议。可是，计划还没实施，张校长就先了我们一步。

2014年12月1日上午，我阅读了张校长赴华东师范大学参加培训学习时撰写的一篇发言，题目是《改变，让一所新学校有了新气象》。他在文中写到了三个改变：改变自己、改变教师、改变学生。我怀着敬意给他留言："张校长的发言实在是精彩极了，'三个改变'体现出您是一个有才华、有远见、有思想、有爱心的教育人。其实，还有另外两个改变您很谦虚地没有说出来，那就是改变了所有认识您的教师（包括我）和其他学校的治学思想。甚至还不止这些。这就是一个有教育思想的校长其人格所散发的神奇魅力！谢谢你的美文以及教育思想和理念。”没想到下午就得到消息——张校长要带队来我校交流学习。

一个有思想、有智慧的校长所带出来的学校领导班子和教师团队，同样是富有思想和智慧的。环县五中的杨树岳校长来到教研室后问我：“你们学校学生这么多，你是语文教师，能不能说说，贵校是如何抓语文教学的?”面对他的提问，我感到很突然，也很吃惊，因为从提出的这个问题中我感到杨校长不仅是个教育方面的专家，而且是个有思想、有远见的教育者。好在教了20多年语文的我，在语文教学方面有自己的思考和做法，我如实做了回答。没想到得到了杨校长的认可，他还叫来学校的语文教研组组长王丽娜老师与我交流、探讨。在短暂而简单的交谈中，我被环县五中的领导和老师们独特的思维方式与行为意识以及虚心好学、敬业乐业精神所折服。

第三天早晨，一打开电脑就发现QQ群里上传了一篇名为《探秘柔远初中》的文章，下载后点开阅读，发现是杨校长撰写的一篇文章。这才想起昨天跟他交流时，他曾说过，回校后一定要写一篇文章来解读对我校的探秘。没想到杨校长和张校长一样是一个说到做到的人。

杨校长也是一个很有才华的人。他是中国书法家协会会员，在书法技艺上很有造诣，他写的隶书在汉碑的基础上融入汉帛书与汉简的笔墨趣味，拙中求巧、意趣盎然，行草书以明清书札为宗，追求书卷气和作品内涵的丰富性，另外还兼篆书、小楷的创作。他还为我校题了两幅字，一副是“上善若水，厚德载物”，另一幅是“特色教育传陇原，柔河岸边放异彩”。我想，前一副字是他对我校教育萌生的期盼，后一副字是他对我校发展提出的方向。他的留墨不仅展示了他的书法功底，也显露了他非同一般的文学功底。然而，读了他的《探秘柔远初中》之后，自以为还能写几行文字的我，更是感慨不已。自己的写作水平，跟张兴斌、杨树岳这两位校长一比真是小巫见大巫了。

通过与张兴斌、杨树岳两位校长，郭明秀、马文梅两位老师的交流与接触，让我对环县五中的领导、教师产生了敬佩和仰慕之情，而环县五中这个藏龙卧虎之地，不知道还有多少这样的奇人奇才，不知道课堂上还有多大魅力、多少精彩，不知道还有多少让人想不到、猜不到的奇事奇景？不知道何时才能亲手掀起环县五中这位“新娘”的盖头，让我一睹她那美丽而神奇的容颜？

还记得杨校长临走时说：“下学期，两校教师要进行课堂交流研讨活动。”这对我来说又将是一次亲近环县五中的机会，对我校教师来说也是一次难得的学习和历练机会……

想着写着，满心都是探秘环县五中的愿望。但何时才能如愿以偿，何时才能零距离感受环县五中的神奇教育，目睹那一个个神奇的人物呢？

这个没有时间表的茫然等待，如果不能尽快付诸行动，将是我生活中最大的煎熬。

华池县柔远初级中学　黄俊

金色的季节

——环县五中课改成果一觑

2014年11月15日，传来一个令环县五中人激动的消息：环县五中通过了庆阳市教育专项督导，被评为市级示范性普通高中。在建校短短的四年时间里能取得这样的成绩，在庆阳市的办学史上是非常少见的。在督导反馈会上，督导组如是评价环县五中。

环县五中自成立以来，学校领导班子团结务实、开拓创新，办学目标明确、办学方向正确、办学思路清晰、办学效益显著。学校全面贯彻党的教育方针，认真落实高中新课改的有关精神。建校初期就确立了“以教师发展为基础，以学生发展为核心”的办学理念，把“精细实、真善美”作为教育追求，定位科学，实施有力；领导班子和教师能顺应时代变化，抓住有利时机，稳步推进新课改，构建了与时代和社会发展相适应的新课程体系；着力打造自主开放课堂模式，探索学生自主管理体系，规范学分管理和综合素质评价等；正在积极实施的新课程方式和教学方法，改变了人才培养模式，使课堂产生了颠覆式的变革；教与学的方式发生了根本性变化，学生主体地位得到充分发挥，自主、合作、探究得到最大体现；学生素质全面提升，教师执教能力普遍提高。环县五中发展潜力巨大，办学特色明显，社会影响日渐彰显，已步入优质化、特色化的快车道，已成为环县乃至全市新课改先锋学校。以下几点是环县五中的成功做法。

1. 着力打造校园文化，凸显环境育人功能

环县五中充分利用有限的场地资源，尽力绿化、美化、净化校园环境，并全方位渗透新课改理念和精神，彰显了“用力只有合格、用心才能优秀、用情更加精彩、用智必将辉煌”的信念，把“改善教育生态，打造特色五中”作为学校的发展愿景，逐步形成了“乐教乐群、爱生唯生”的教风和“自主乐学、合作探究”的学风。环县五中利用教室走廊和墙壁，让学生书写经典诗句，展示学生优秀作品，通过“老师我想对你说”栏目，让学生表达心理诉求，沟通师生关系；利用教室里的“我展示、我自信、我参与、我快乐”等标语，展现“心灵在涤荡，梦想在起航的”的自信。环县五中的校园里处处弥漫着学校的办学特色和精心构思，文化氛围浓郁，对新课改的全面开展起到了引领和导航作用。

2. 转变教育理念，创新机制完善制度

环县五中转变教育理念，在新课改的教育理论支撑下，积极实施高中新课改工作。依据省、市新课改实施方案，根据《甘肃省普通高中新课程改革实施指导意见》(试行)，成立了课程委员会等相应的课改领导小组和8个工作小组以及学生发展研究中心、教师发展研究中心、课程质量研究中心，分别组织和指导课程设置和实施各个环节的工作，形成了分工负责的新课改领导体系。在新课改实施中，领导干部起到了模范带头作用，为新课改顺利实施保驾护航。学校结合师资现状和生源实际，制订了《环县五中新课程实施方案》等20种制度、方案、计划等，形成了从宏观到微观，从要求到操作的工作系列，引领教师专业发展，促进教师角色转换，构建了生本课堂，为新课改顺利实施发挥了积极的指导作用。特别是《环县五中新生态教育图解》的出台，标志着环县五中新课程实验真正进入了激活课堂的快车道，激发了教师的内在动力，改变了教与学的方式，使进一步深化课改有章可循、有据可依，使新课改的实施更具操作性和科学性。

3. 全面优化课程体系，科学整合课程资源

环县五中按照三级课程体系要求，开展国家课程，强化必修课，优化选修课，实现了国家课程校本化、校本课程特色化，彰显了学校办学特色，构建了适合学生发展的教育体系。学校积极打造富有校园特色的选修课，

创办体育、美术、书法、声乐、舞蹈、皮影等课程，满足了学生个性发展和学校多元文化发展的需求。环县五中以学校周边的厂矿、企业、园林为基地，拓宽实践课，增强了学生的社会实践能力，培养了学生的参与意识和合作精神。学校开设的星月观察、手工制作、机器人操作等校本课程，丰富了学生的体验，为学生的发展创造了空间。学校开设了 20 多门校本课程，开发编印了 53 种校本教材。聘请全国著名画家袁鹏飞、广东省肇庆音乐学院王金宝教授、环县陇剧团苏真才等艺术家、民间艺人到校为学生上课，提高了学生的人文素养，拓宽了学生的知识视野，体现了环县五中在实践中创新，在谋变中求发展的探索精神。

4. 加强教师培训，努力促进教师专业发展

环县五中有一批心系学校、勇于担当的人，有一批独立思考、勤于钻研的人，有一批埋头苦干、勇于创新的人。他们创造性地开展工作，是一支爱岗敬业、乐于奉献、吃苦耐劳的教师队伍。新课改是时代赋予教育工作者的新的使命，环县五中的广大教师以积极的态度、饱满的热情投入到新课改的实践中去，踏踏实实做事，创造性地开展工作，不断探索，把新课改看成是自己和学生共同成长的过程。从 2011 年开始，环县五中先后派出领导、教师 400 多人次，赴山东省杜郎口中学、江苏省昆山前景教育集团、陕西省宜川中学等新课改先进地区和学校考察学习，并派教师前往庆阳市第一中学、庆阳市第五中学、庆阳市第四中学、庆阳市第七中学等参观课新改成果展，更新了教师的课改理念，使教师增长了见识，拓宽了视野。学校特邀甘肃省教育学会中学语文教学专业委员会常务理事、学术委员、天水师范学院副教授郭治锋等课改专家和学者来校调研、指导，使教师的课改能力有了提升。学校还积极开展校本研训，通过优秀教师的教法交流和会诊课、调研课、过关课、展示课、达标课等，激励教师专业发展和业务提升。

5. 构建课堂教学模式，打造高效课堂

环县五中以“改变始于课堂，课堂带动课程”为行动计划，结合学生实际形成了“五步三查”教学模式，使学生潜能迸发，得到发展，使课堂充满了欢声与笑语、灵动与活力。学校出现了四大变化：学案成为课堂教

学路线图，小组成为合作前进的动车组，“五步三查”成为高效学习的发动机，教后反思成为自我成长的助力器。目前，环县五中校园网上上传有教师反思5000余篇，有40多位教师的课改反思、教育随笔已整理结集成册，形成了环县五中特有的反思文化。

6. 建立多元化评价机制，引领教师和学生发展

环县五中实行领导岗位责任制，加强了教学常规环节的检查与督促，实施了多维的教学评价。一是教学业绩评价。每次考试都认真做好质量分析，以同一年级学生为评价总体，每个班级为评价单元，对教师教学业绩进行科学、合理、公平公正的评价。二是建立教师业务能力评价体系，对教师进行综合评价，为教师的专业发展提供依据。三是依据模块研修时间、学习过程表现、模块考试“三要素”认定学分，规范、科学、公开、透明。建立了学分管理系统，方便了学校、教师和家长对学生的全面了解和跟踪管理。四是对学生综合素质的评价依据不同维度，实现自评、互评、班级小组评定和教师评定，这便做到了考核有据、评价多元、准确全面，促进了学生的发展。五是进行星级学生评选活动，评选学习之星、管理之星、进步之星、节约之星等，促进学生的多元化、个性化发展。

7. 创新学生管理方式，激发学生潜能

环县五中形成了初见成效的“班级民主、学生自主”管理模式，突出强调“人人有事做、事事有人管”的班级管理模式，学校大型活动、每周晨会、每日早操、大课间活动的组织管理，宿舍、食堂的管理和服务，教室、楼道、校园等环境文化的营造，新生入学教育、学生文明礼仪的检查等都由学生进行管理，使学生的自主管理能力得到了锻炼，同时为学生全面发展和个性发展提供了平台。自主管理、自我发展，使学生学会学习、学会做人、学会做事、学会合作，激发了学生潜能，锻炼了学生能力。

8. 研发校本教材，注重学生个性发展

环县五中设置了丰富多彩的综合实践课程，体现了学科特色，发展了学生个性。在德育方面，开设社会主义核心价值观教育系列课程、理想前途系列课程、文明礼仪规范系列课程、遵守公共秩序系列课程、文化素养积淀系列课程。在校本研修方面，立足县情，挖掘革命老区红色资源，打

造“红色教育牌”；挖掘地方石油、煤炭资源优势，打造“黑色教育牌”；利用农村田园，打造“绿色教育牌”，利用皮影等传统文化资源，打造“地方特色文化牌”。学校开发了60余本校本教材，开设了多种社团活动，鼓励和引导学生的个性发展。

在这个季节里，环县五中的收获还有很多。

2014年7月，环县五中被新教育研究院、新教育实验总课题组授予“2013～2014年度新教育实验优秀学校”。

2014年8月，环县县委、县政府召开高考奖励大会，环县五中荣获二等奖。

2014年9月，2014年环县教育工作例会召开，环县五中荣获初中部综合考核第一名。

2014年9月，庆阳市召开庆祝第30个教师节暨优秀老师表彰大会，环县五中被庆阳市委、市政府评为“庆阳市教育系统先进集体”。

2014年11月，环县五中的三名学生代表环县中学组参加“庆阳市中小学生安全知识竞赛”荣获团体二等奖。

2014年12月，环县五中被庆阳市教育局评为“庆阳市中小学德育工作先进集体”。同时，学校与甘肃改琴书法教育奖励基金会牵手，创办“甘肃改琴基金会环县五中书法培训基地”，并被庆阳市教育体育局推荐为甘肃省“金色教苑”乡村教师影子研训基地。

2014年，前来环县五中参观交流的学校达100多所，参观教师达到1200余人次。

……

环县五中，这所刚起步的新学校，在一群教育人的执着和锐意进取下，逐渐在陇原大地生辉。

后　记

经过几个月的忙碌，我终于完成了两年的心愿。

2012 年 8 月，学校安排我负责毕业班的教学管理工作，由于学校的特殊性我萌发了一个大胆的想法，以自己的行走方式指导教师教学、学生学习。不论结果如何，我要把过程记录下来，进行研究，以此验证我对教育理解的偏差度。

两年来，我连续指导了两届初三毕业生，所采取的方法有较大差异，但所有的指导思想是相同的：有效调动班级管理的各方面元素，构建和谐的班集体，以教师团队的激情点燃学生学习的激情，激发学生内在的竞争意识。

两年时间，值得回忆的瞬间很多，值得总结的经验也很多。为了使广大教育同人能够分享我的快乐和做法，今将其编辑成册，名曰《点燃学习的激情——构建校园生态化学习型组织》由于水平有限、文笔粗疏，给朋友们带来阅读方面的不悦敬请谅解。

本书是两届初三师生与我共同完成的，他们的聪明才智激发了我的灵感，在此，谨向两届初三教师表示衷心的感谢，也向两届初三毕业生表示美好的祝愿。

江苏凤凰教育出版社
《行知工程》系列丛书目录

系列	序号	书　　名	主编	定价
生态化校园系列	1	《点燃学习的激情——构建校园生态化学习型组织》	杨树岳	30.00
	2	《课改突围——构建学校生态化教学体系》	杨树岳	30.00
信息化教学系列	3	《巧用白板教语文——信息技术与语文教学操作指南》	蒋丽清	30.00
	4	《跨越式实现高效课堂 ——信息技术与课程整合高效教学方案评析》	陈玲　刘禹	30.00
教育新思考系列	5	《语文教育向何处去》	王丛	26.00
	6	《教育，就是做好普通的事》	孙志毅	27.00
	7	《走出语文的偏见——让学生体悟文本的原义》	丛智芳	30.00
	8	《让语文教学更高效——批注式阅读教学探索》	韩中凌	30.00
	9	《读写互促——探寻学以致用的语文教学》	曹龙	30.00
	10	《跳出数学教数学——用文化融通数学教学》	马建秀	27.00
学生心理解码系列	11	《孩子问题行为一点通 ——只有好老师才知道的学生心理谜底》	严育洪	30.00
教师必读系列	12	《教师必学的16堂修养课》	武宏伟	30.00
	13	《教师不可不知的教学心理效应》	叶勇军	30.00
	14	《班主任不可不知的管理效应》	奚一琴	30.00
	15	《教师不可不知的教育心理效应》	孙媛	30.00
	16	《校长不可不知的管理效应》	谢申刚　张金豹	30.00
	17	《成为好教师的7项修炼》	王福强　李维华	30.00
	18	《如何让学生会学习》	龙冰	30.00
	19	《如何让学生爱学习》	周震宇　许小燕	30.00
名师感悟系列	20	《让心灵伴着歌声成长——22位音乐名师的教育智慧》	陈璞	30.00
	21	《超越自我的教师——32位名师的成长感悟》	李卫东　李秀伟	35.00
	22	《心灵的守护者——19位名班主任的教育智慧》	王晓松　曲文弘	30.00
	23	《名师感悟班主任有效工作艺术90例》	符礼科	30.00
	24	《名师感悟有效教学90例》	林高明　徐玉烟	30.00
教育探索者系列	25	《让个性绽放精彩——学校课程体系整合与创生》	谢建伟　徐淑萍	30.00
	26	《让每个学生都幸福——最能润泽生命的学校文化建设》	谢建伟　张新喜	30.00

系列	序号	书名	主编	定价
教育家核心思想系列	27	《多元智能理论的本土化应用》	刘治富	30.00
	28	《大教育家最具施教力的教学思想》	白刚勋	30.00
创新教学探索系列	29	《粘连作文教学：让习作成为有个性的自我建构》	黄瑞夷	30.00
	30	《备学式教学——在体验中建构数学思维》	单广红　范雪梅	30.00
	31	《向着自主进发——自主教育的创新实施智慧》	朱亚红	30.00
	32	《写中学——让学习更有效的学科写作教学》	钟传祎	30.00
	33	《小学科学实验总动员——大科学课堂有效提升学生创新力》	江美华	30.00
	34	《小学语文单元整体课程实施与评价》	李怀源	30.00
	35	《小学英语单元整体课程实施与评价》	李怀源	30.00
	36	《小学数学单元整体课程实施与评价》	李怀源	30.00
教育管理力系列	37	《“走”出教育的精彩：走动式学校管理文化构建》	罗　军	30.00
	38	《校长兵法：学校管理四十六计》	皮大鹏	30.00
核心教学主张系列	39	《新生代语文名师核心教学主张》	许友兰	30.00
行思讲坛系列	40	《师爱无疆——润泽学生心灵的教育故事》	侯忠彦	30.00
	41	《怎样反思更有效——促进教师专业发展的反思策略》	诸贝贝	30.00
	42	《成为高度自觉的教育者——写给后课标时代的数学教师》	许卫兵	30.00
	43	《哲思数学课》	刘全祥	30.00
	44	《把学生教聪明》	严育洪	30.00
	45	《教师最应该规避的教育误区》	杨坤道	30.00
	46	《用语文的方式教语文——潘文彬教学主张与实践智慧》	潘文彬	30.00
	47	《怎样让阅读教学更有效——提升教学能力的十种读诵模式》	汪秀梅	28.00
	48	《让生命在润泽中起舞——当代小学生最需要的主题班会》	吴联星　罗　琳　冯卫东	30.00
	49	《让生命欢快拔节——当代中学生最需要的主题班会》	冯卫东　吴联星	30.00
	50	《课堂因生成而精彩——高效教学的生成智慧》	张文质	30.00
	51	《回到每一个人的生命化教育——张文质二甲中学教育行动录》	张文质	30.00
	52	《智慧数学课——黄爱华教学思维的实践策略》	黄爱华	30.00

系列	序号	书名	主编	定价
高效能教学系列	53	《让作文落地生根——提高写作实效的教学策略》	黄桂林	30.00
	54	《高效能作文教学5项修炼》	陈步华	30.00
	55	《高效能校长的10个好习惯》	张　勤	30.00
	56	《高效能教师的10个好习惯》	谢　英	30.00
	57	《高效能语文教学5项修炼》	王其华	30.00
教育求索系列	58	《思政教学的人文力量》	戴晓华	30.00
	59	《师道新说——给教育者的30条箴言》	徐　卫	30.00
中国教育变革之路丛书	60	《百年树人师何为——教师队伍建设困顿与出路》	将丽珠　李玉向	30.00
	61	《入园何时不再难——学前教育困惑与抉择》	曾晓东 范　昕　周　慧	30.00
	62	《三尺书桌何处寻——流动人口子女教育困难与破解》	范先佐	30.00
	63	《苦旅何以得纾解——高考改革困境与突破》	郑若玲	30.00
	64	《择校纠结何时了——择校问题困局与治理》	曾晓东　周文海 曾娅琴	30.00
创新教学思想系列	65	《“大问题”教学的形与神》	黄爱华　张文质	30.00
校长领导力系列	66	《高品质学校生长要素》	王益民	30.00
	67	《校长高校教学领导力提升策略》	徐世贵　郭文智	30.00
教育漫笔系列	68	《课堂，诗意地栖居》	吴书华	30.00
新思维系列	69	《教育中的“不一定”——打破教育的19种思维惯式》	严育洪	30.00
教学全手册系列	70	《小学习作教学全手册》	郭家海	30.00
	71	《中学写作教学全手册》	郭家海	30.00
	72	《情境教学操作全手册》	冯卫东	35.00
	73	《合作教学操作全手册》	李春华	35.00
	74	《探究教学操作全手册》	周新桂	35.00
	75	《自主教学操作全手册》	诸葛彪	35.00
	76	《创新教学操作全手册》	王　玮	35.00
	77	《班主任工作全手册》	刘沛华	35.00
	78	《新教师工作全手册》	周震宇	35.00
	79	《学生心里健康教育全手册》	刘海莉　刘春杰	35.00
	80	《高效教学操作全手册》	马友平	35.00

系列	序号	书　　名	主编	定价
校本研修系列	81	《特色校本课程开发范例解读》	刘永平　李秀伟　张雪梅	30.00
	82	《高效校本研修模型构建艺术》	刘素雁	30.00
	83	《走向实践的教研——中小学教育科研引领与应用》	江　敏	30.00
教学提升系列	84	《有思想地教阅读——让学生学会品读文字真意》	王学东	30.00
教育艺术提升系列	85	《藏在师生体态语言里的教学智慧》	张　宇　廖生波	30.00
幼师成长系列	86	《幼儿行为背后——教师如何读懂幼儿的心思》	吴亚英	30.00
	87	《最具教育力的22种幼儿教育思想》	杨　达	30.00
	88	《幼儿教师必知的安全应急措施》	杨　达	30.00
	89	《幼儿教师必备的教育技能》	李　玲	30.00
	90	《卓越园长21条幼儿园管理策略》	周　丹　江东秋	30.00
创新人才培养系列	91	《创新人才培养校园科普精品课程开发与指导——人大附中创新人才培养》	罗　滨	30.00
	92	《创新人才培养特色校本课程开发与创新人才培养——清华附中“国际安全下的科学技术”课程构建与实施》	王殿军　方　研　赵宏雁	30.00
	93	《创新人才培养：学校实验室建设与管理》	刘克文　杨发丽　杨　平	30.00
	94	《创新人才培养：数学探究活动开发与指导》	马云朋　韩继伟	30.00
	95	《创新人才培养：化学研究活动开发与指导》	王　磊	30.00
	96	《创新人才培养：物理探究活动开发与指导》	廖伯琴	30.00
	97	《创新人才培养：地理探究活动开发与指导》	张建珍　陈　澄	30.00
	98	《创新人才培养：生物探究活动开发与指导》	张迎春	30.00
	99	《创新人才培养：理念探索与思维突破》	王晶莹	30.00
教育思想者系列	100	《教育，一切从孩子出发》	黄　俭	30.00
新生代通派名师系列	101	《简约数学教学》	许卫兵	30.00
	102	《语文教学的本真——情意课堂展现母语之美》	吴建英	30.00
	103	《语文课堂的理想追求——欢快达成三维目标》	董一红	30.00
	104	《阅读教学的真髓——意象构建读出文学的真美》	祝　禧	30.00
	105	《美术教育的真谛——审美人生教育让生命绚丽成长》	陈铁梅	30.00
	106	《语文教学的理想境界——无痕教学润泽生命》	李　凤	30.00
	107	《儿童作文的本义——嬉乐作文让儿童乐并成长着》	王笑梅	30.00
	108	《名师是怎样炼成的》	王建明　王笑君	35.00